The Secret

EL SECRETO

ENSEÑANZAS DIARIAS

Rhonda Byrne

ATRIA ESPAÑOL

Nueva York Londres Toronto Sídney Nueva Delhi

La información contenida en este libro tiene un propósito educativo y no es para ser usada en el diagnóstico, prescripción o tratamiento de ningún tipo de trastorno de la salud. Esta información no debe sustituir la consulta con un profesional de la salud competente. El contenido de este libro está concebido para ser usado como una contribución adicional a un programa de salud racional y responsable prescrito por un profesional de la salud. El autor y la casa editorial no son en modo alguno responsables del uso indebido de este material.

Traducción al español: Martín Monreal

Nota: El texto utilizado en esta publicación es una traducción del calendario *The Secret Calendar 2008.*

Para encontrar más información sobre El Secreto visite: www.thesecret.tv.

ISBN 978-1-4391-3232-6

ATRIA
ESPAÑOL

Un sello de Simon & Schuster, Inc.
1230 Avenida de las Américas
Nueva York, NY 10020

Cada noche antes de dormir, agradece con sinceridad el maravilloso día que has tenido (no importa qué tipo de día haya sido). Piensa en el día siguiente, con la determinación de que será estupendo. Piensa que será el mejor día de tu vida. Piensa que estará lleno de amor y alegría. Piensa que todo lo bueno está viniendo hacia ti y que todo va a andar perfectamente, etc. Luego, cuando despiertes por la mañana, ANTES de levantarte de la cama, declara nuevamente tus intenciones para el día y agradece sinceramente como si tus deseos ya se hubiesen cumplido. Al hacer esto estarás empezando a darle a tu vida una forma deliberada, y sentirás en carne propia el poder que reside en tu interior para crear la vida que deseas.

ENSEÑANZAS DIARIAS

Día 1

Quiero invitarte a compartir un secreto acerca de El Secreto. ¡El camino directo a todo lo que quieres en tu vida es SER y SENTIRTE feliz ahora! Es la forma más rápida de atraer dinero y cualquier otra cosa que quieras en tu vida. Concéntrate en irradiar hacia el Universo esos sentimientos de alegría y felicidad. Cuando lo hagas, atraerás hacia ti todo aquello que te provoca alegría y felicidad, lo cual no sólo incluirá dinero en abundancia, sino también el resto de las cosas que deseas.

ENSEÑANZAS DIARIAS
Día 2

El Proceso Creativo te ayudará a crear lo que desees en tres simples pasos: pedir, creer y recibir. *Pedirle* al Universo lo que quieres es la oportunidad para ir definiendo tus deseos. Cuando estén claros en tu mente, ya habrás pedido. *Creer* involucra actuar, hablar, y pensar como si ya hubieses recibido lo que deseas. Cuando emites la frecuencia de haberlo recibido, la ley de la atracción pone gente, eventos y circunstancias en movimiento para que lo recibas. *Recibir* involucra sentirte como te sentirás una vez que tu deseo se haya manifestado. Sentirte bien ahora te permitirá ingresar en la frecuencia de aquello que deseas.

Si no estás a gusto con tu físico, ésa es una sensación muy fuerte, y seguirás atrayendo sentimientos que te harán sentir mal con respecto a tu cuerpo. Tu cuerpo nunca cambiará si lo criticas y le buscas fallas; de hecho, sólo lograrás atraer más peso. Alaba y bendice cada centímetro de su superficie. Piensa en todas las cosas perfectas que hay en Ti. Cuando concibes pensamientos perfectos, cuando te sientes bien contigo mismo, estás en la frecuencia de tu peso perfecto, y estás invocando la perfección.

ENSEÑANZAS DIARIAS
Día 4

Eres como una torre de transmisión
humana, emitiendo una frecuencia con tus
pensamientos. Si quieres cambiar algo en tu
vida, cambia tus pensamientos y cambiarás la
frecuencia.

La gratitud es un proceso poderoso que te permite cambiar tu energía y atraer más de aquello que quieres en tu vida. Da las gracias por lo que ya tienes, y atraerás más cosas buenas.

Al igual que la ley de la gravedad, la ley de la atracción nunca se equivoca. Uno no ve cerdos volando porque la ley de la gravedad cometió un error y ese día se olvidó de aplicarle gravedad a los cerdos. De la misma manera, no hay exclusiones en la ley de la atracción. Lo que te ha tocado, tú lo has atraído con el alcance de tu pensamiento. La ley de la atracción es precisa.

"Uno crea su propio universo a medida que avanza".
WINSTON CHURCHILL (1874-1965)

ENSEÑANZAS DIARIAS
Día 7

El gran maestro Neville Goddard sugirió el siguiente proceso en 1954, en una conferencia titulada "Las Tijeras Podadoras de la Revisión". Cada noche, antes de acostarte, repasa los eventos del día. Si cualquiera de ellos no resultó ser como esperabas, revívelo en tu mente de manera que te satisfaga. Al recrear esos momentos en tu mente exactamente como los quieres, estarás limpiando tu frecuencia de ese día y empezando a emitir una señal nueva con su correspondiente frecuencia para el día siguiente. Habrás creado intencionalmente nuevas imágenes para tu futuro. Nunca es tarde para cambiar esas imágenes.

ENSEÑANZAS DIARIAS

Día 8

La prosperidad es tu derecho innato, y tú
tienes la llave para atraer más abundancia —en
todas las áreas de tu vida— de la que puedas
imaginar. Mereces obtener cada cosa buena
que deseas, pero debes atraerla a tu vida. El
Secreto es que tú tienes la llave. Aquello que
piensas y aquello que sientes son tu llave. Y
la has estado sosteniendo en tu mano durante
toda tu vida.

Cuando reconoces que la infinita inteligencia del Universo existe, puedes entrar en sintonía con ella y tomar lo que quieras. Los grandes hombres y mujeres del pasado tomaron lo que quisieron de la infinita sabiduría del Universo y lo llevaron a nuestro mundo físico. Aunque dieron pasos memorables en el mundo físico, lo hicieron de la mano de una infinita inteligencia, y así todo fluyó hacia ellos sin esfuerzo, para permitirles crear excediendo lo que cualquier ser humano había concebido antes que ellos.

ENSEÑANZAS DIARIAS

Día 10

Las ideas acerca del envejecimiento están
solamente en nuestra mente. Libera tu
conciencia de tales pensamientos. Concéntrate
en la salud y la juventud eterna.

Si en el pasado has creído que la única forma
en la que el dinero puede llegar a ti es a
través de tu trabajo, olvídalo. ¿Comprendes
que mientras pienses de esa manera, ésa será
inevitablemente tu experiencia? Este tipo de
pensamientos no te sirven.

Intenta con todas tus fuerzas atraer algo pequeño. Empezar con algo pequeño, como una taza de café o un lugar para estacionar el auto, es una manera fácil de experimentar cómo funciona la ley de la atracción. A medida que sientas en carne propia tu poder de atracción, irás creando cosas cada vez más grandes.

Cuando Henry Ford estaba trayendo al mundo su visión del automóvil, la gente a su alrededor se burlaba de él y pensaba que había perdido la razón por insistir con su excéntrica visión. Henry Ford sabía mucho más que las personas que lo ridiculizaban. Conocía El Secreto y la ley del Universo.

"Tanto si piensas que puedes, como si piensas que no; en ambos casos estarás en lo correcto".
HENRY FORD (1863 – 1947)

ENSEÑANZAS DIARIAS
Día 14

Lo que estás pensando en este instante está dando forma a tu vida futura. Tú mismo creas tu vida con tus pensamientos. Como tu pensamiento nunca se detiene, nunca dejas de crear. Aquello en lo que más piensas o más te enfocas, es lo que aparecerá en tu vida.

ENSEÑANZAS DIARIAS

Día 15

A muchos de nosotros nos enseñaron
a ponernos en último lugar y, como
consecuencia, atrajimos el sentimiento
de no valer ni merecer nada. Como estos
sentimientos se alojaron dentro nuestro,
continuamos atrayendo más situaciones en
nuestra vida que nos hicieron sentir aún más
insuficientes y desvalorizados. Debes cambiar
esta manera de pensar.

ENSEÑANZAS DIARIAS

Día 16

The Secret®

Si te estás sintiendo realmente bien, las
palabras y los pensamientos negativos no están
en tu misma frecuencia, por lo cual ni siquiera
tienes que intentar detenerlos ya que las cosas
buenas te desbordan. Por lo tanto, la forma
más rápida de ser más positivo es observar
cómo te sientes, en lugar de monitorear
tus pensamientos y palabras. Solamente tú
controlas tus sentimientos, así que empieza
a entrar en contacto con tu estado de ánimo,
y luego concéntrate deliberadamente en
intensificar un buen sentimiento dentro de ti.

Ninguna persona atraería deliberadamente algo no que no quiere. Sin el conocimiento de El Secreto, resulta fácil ver cómo algo negativo puede haber ocurrido en tu vida o en la de otras personas. Ocurrió simplemente por el desconocimiento del gran poder creativo de nuestros pensamientos.

ENSEÑANZAS DIARIAS
Día 18

Confía en tu instinto. El Universo te está inspirando. Es el Universo comunicándose contigo a través de su frecuencia. Si intuyes o presientes algo, sigue tu impulso, y hallarás que el Universo te está moviendo magnéticamente para ir a recibir lo que pediste.

ENSEÑANZAS DIARIAS

Día 19

La razón principal para amarte a ti mismo es que es imposible sentirte bien si no lo haces. Cuando te sientes mal contigo mismo, estás bloqueando todo el amor y el bien que el Universo tiene en reserva para ti.

ENSEÑANZAS DIARIAS

Día 20

Tú mismo eres todo lo que necesitas, junto con tu habilidad para darle vida a las cosas con tu pensamiento. Todo lo que ha sido inventado y creado en la historia de la humanidad se originó en un pensamiento. Ese pensamiento abrió un camino, y pasó a manifestarse desde lo invisible a lo visible.

"Da el primer paso con fe. No hace falta que veas la escalera completa. Sólo da el primer paso".
DR. MARTIN LUTHER KING JR. (1929 – 1968)

ENSEÑANZAS DIARIAS
Día 21

Sin importar quién seas ni dónde te
encuentres, la ley de la atracción está
dándole forma a todas las experiencias de
tu vida, y lo está haciendo a través de tus
pensamientos. Tú eres quien pone en marcha
la ley de la atracción, y lo haces a través de tus
pensamientos.

ENSEÑANZAS DIARIAS

Día 22

El miedo es la emoción más debilitante que existe, pero cualquiera de nosotros puede vivir su vida sin miedo. La clave de la alegría y la libertad absoluta para todos y cada uno de nosotros es desprenderse del miedo. Cuando entiendas que el miedo te hace entrar en una frecuencia que atraerá más eventos y circunstancias horribles a tu vida, comprenderás lo importante que es hacer el cambio. La gente tiene miedo de llegar tarde, de perder su trabajo, de pagar sus cuentas, de enfermarse, y la lista continúa. Pero es nuestro miedo a esas cosas lo que las congrega a nuestro alrededor. La ley de la atracción es impersonal, y atrae cualquier cosa en la que enfoquemos nuestros sentimientos. Cuando tengas pensamientos que te hagan sentir miedo, expúlsalos inmediatamente. Deja que sigan su camino y reemplázalos con cualquier cosa que te haga sentir bien.

ENSEÑANZAS DIARIAS

Día 23

Cuando dices "Estoy..." las palabras que vienen a continuación están invocando y creando con una fuerza extremadamente potente, porque tú mismo estás declarando el hecho. Estás afirmándolo con certeza. Por eso, inmediatamente después que digas "Estoy cansado" o "Estoy arruinado" o "Estoy enfermo" o "Estoy llegando tarde" o "Estoy gordo" o "Estoy viejo", el Genio dice, "Tus deseos son órdenes".

Todas las personas merecen una vida hermosa,
y tienen el poder de lograrlo a través de
la ley de la atracción. Cuando cultivas tu
alegría y tu felicidad, algo maravilloso ocurre.
Empiezas a desbordar alegría y cada una de
las personas que encuentras se ve afectada
por tu alegría. Una persona alegre esparce
una alegría inmensa por el mundo mediante
la extraordinaria matriz del Universo. El
poder que reside en cada uno de nosotros es
inconmensurable cuando nos enfocamos en el
bien de todos.

ENSEÑANZAS DIARIAS
Día 25

Ni el tiempo ni el tamaño existen en el Universo. Es tan fácil curar un grano como una enfermedad. El proceso es el mismo, la diferencia está en nuestra mente. De modo que, si has atraído algún tipo de aflicción redúcela en tu mente al tamaño de un grano, libérate de todo pensamiento negativo, y luego concéntrate en una salud perfecta.

ENSEÑANZAS DIARIAS

Día 26

La ley de la atracción es la ley de la naturaleza. Es impersonal y no distingue las cosas buenas de las malas. Recibe tus pensamientos y los refleja en la forma de experiencias en tu vida. La ley de la atracción sencillamente te da aquello en lo que estás pensando.

ENSEÑANZAS DIARIAS
Día 27

Puedes dejar volar tu imaginación con una Pizarra de la Visión, y poner imágenes de todas las cosas que deseas y de cómo quieres que sea tu vida. Asegúrate de colocar tu Pizarra de la Visión en un lugar donde puedas verla y contemplarla todos los días. *Siente* la sensación de que ya tienes todas esas cosas. A medida que las vayas recibiendo, y sientas gratitud por recibirlas, puedes ir quitando esas imágenes y agregando otras nuevas. Ésta es una maravillosa forma de enseñarle a los niños la ley de la atracción.

"La imaginación es todo. Es un adelanto de las atracciones que vendrán en la vida".
ALBERT EINSTEIN (1879 – 1955)

ENSEÑANZAS DIARIAS
Día 28

¡Ésta es *tu* vida, y ha estado esperando que la descubrieras! Hasta ahora quizá hayas creído que la vida es una tarea ardua y costosa, de modo que, a través de la ley de la atracción, las experiencias de tu vida habrán sido arduas y costosas. Empieza ya mismo a gritarle al Universo, "¡La vida es fácil! ¡La vida es maravillosa! ¡Todas las cosas buenas vienen hacia mí!"

ENSEÑANZAS DIARIAS
Día 29

Concéntrate en las características tuyas que más te agradan y la ley de la atracción te mostrará más cosas buenas acerca de ti.

The Secret®

El motivo por el cual la visualización es tan poderosa es que, al crear imágenes en tu mente y verte en compañía de aquello que deseas, ya estás generando los pensamientos y sentimientos de haberlo obtenido. La visualización no es otra cosa que un pensamiento en imágenes poderosamente concentrado, y origina sentimientos igualmente poderosos. Cuando visualizas, estás emitiendo esa poderosa frecuencia hacia el Universo. La ley de la atracción toma esa potente señal y te envía esas imágenes de regreso, exactamente como las viste en tu mente.

ENSEÑANZAS DIARIAS
Día 31

Somos Uno. Todos estamos conectados, y
todos formamos parte del Campo Energético, o
Mente Suprema, o Conciencia Única, o Fuente
Creativa. Dale el nombre que quieras, pero
todos somos Uno.

ENSEÑANZAS DIARIAS

Día 32

Cuando el dinero llega hasta ti, debe fluir a través tuyo como la corriente de un río, o el flujo de dinero se detendrá. ¡Transfórmate en la corriente!

Esta época de nuestro glorioso planeta es la más excitante de la historia. Vamos a ver y percibir lo imposible haciéndose posible, en todos los campos de la actividad humana y en todas las disciplinas. Al desprendernos de todo pensamiento de limitación, y *saber* que somos ilimitados, experimentaremos la infinita magnificencia de la humanidad, expresada a través del deporte, la salud, el arte, la tecnología, la ciencia, y cada una de las áreas de la creación.

ENSEÑANZAS DIARIAS

Día 34

"Muchas personas que ordenan correctamente sus vidas en todos los otros aspectos, permanecen en la pobreza a causa de su ingratitud".

WALLACE WATTLES (1860 – 1911), *autor del clásico de la prosperidad "La Ciencia de Hacerse Rico".*

ENSEÑANZAS DIARIAS
Día 35

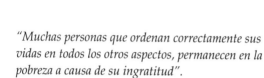

La única razón por la cual la gente no tiene lo que desea es que se detiene más a pensar en lo que *no* quiere que en lo que *sí* quiere. Escucha tus pensamientos, y escucha las palabras que dices. La ley de la atracción es absoluta y no comete errores.

Determina cada evento de tu vida previamente a través de tu pensamiento, y convierte a esta actividad en un hábito diario. En todo lo que hagas y dondequiera que vayas, activa las fuerzas del Universo con anticipación, pensando cómo quieres que marchen las cosas *antes de que ocurran*. De este modo estarás creando tu vida intencionalmente.

The Secret®

¡Eres el imán más poderoso del Universo!
Tienes dentro tuyo un poder magnético más
poderoso que cualquier otra cosa en el mundo,
y este inconmensurable poder magnético es
emitido a través de tus pensamientos.

Probablemente conozcas a alguien que es delgado aunque come como un caballo, y que declara orgullosamente, "Puedo comer lo que quiera y estoy siempre en mi peso ideal". "¡Tus deseos son órdenes!", responde entonces el Genio del Universo.

Cuando tienes una pila de cuentas que
no sabes cómo vas a hacer para pagar, no
debes concentrarte en esas deudas porque
continuarás atrayendo más. Tienes que
hallar una manera útil de enfocarte en la
prosperidad, *a pesar* de las deudas que te
rodean. Tienes que encontrar la manera de
sentirte bien, para poder atraer el bien hacia ti.

ENSEÑANZAS DIARIAS
Día 40

La alegría de dar es la alegría más grande de la vida.

ENSEÑANZAS DIARIAS

Día 41

"La práctica diaria de la gratitud es uno de los caminos por los que tu riqueza llegará hasta ti."

WALLACE WATTLES (1860 – 1911), *autor del clásico de la prosperidad* "La Ciencia de Hacerse Rico".

En su libro *La Llave Maestra*, Charles Haanel asegura que hay una afirmación que incorpora cada una de las cosas que un ser humano puede desear, y que esa afirmación traerá armonía a todas las cosas. Y agrega, "La razón es que tal afirmación concuerda estrictamente con la Verdad y, cuando la Verdad se manifiesta, cualquier forma de error o discordia debe necesariamente desaparecer." La afirmación es la siguiente: "Soy íntegro, perfecto, fuerte, poderoso, amoroso, armónico y feliz."

A medida que vayas poniendo en práctica
los principios de El Secreto y usando la ley
de la atracción a tu favor, en vez de usarla
inconscientemente en tu contra, podrás crear
intencionalmente la vida de tus sueños y no te
costará ningún esfuerzo.

Recuerda que tus pensamientos son
la causa principal de todo. En cuanto
tienes un pensamiento sostenido, éste es
inmediatamente enviado hacia el Universo.
Ese pensamiento se une magnéticamente a una
frecuencia *similar* y, en cuestión de segundos,
envía la lectura de esa frecuencia de vuelta
hacia ti a través de tus sentimientos. En otras
palabras, tus sentimientos son la respuesta
del Universo a tu mensaje, diciéndote en qué
frecuencia te encuentras en ese momento. *¡Tus
sentimientos son el mecanismo de retorno de tu
frecuencia!*

ENSEÑANZAS DIARIAS
Día 45

Eres un imán. Cuando te conviertes en un imán de riqueza, atraes riqueza. Cuando te conviertes en un imán de salud, atraes salud. Cuando te conviertes en un imán de amor, atraes amor. Cuando te conviertes en un imán de alegría, atraes alegría. Debes transformarte en el imán de aquello que quieres, para atraerlo hacia ti. El imán viene primero —la manifestación viene después. La manifestación es el efecto del imán de tu ser.

ENSEÑANZAS DIARIAS

Día 46

Si un paciente se enfoca en la enfermedad, inadvertidamente está atrayendo más enfermedades a través de la ley de la atracción. Por otro lado, si el paciente se enfoca en producir salud y elimina toda noción de enfermedad de sus pensamientos y sentimientos, entonces producirá salud a través de la ley de la atracción. Si no hubiese un poder sanador dentro de nosotros, nada podría ser sanado.

ENSEÑANZAS DIARIAS
Día 47

El equipo de El Secreto ha creado un cheque
en blanco disponible para ser bajado
gratuitamente del website de El Secreto: www.
thesecret.tv. Este cheque en blanco es para ti, y
proviene del Banco del Universo. Complétalo
con tu nombre, el monto y otros detalles, y
colócalo en un lugar prominente donde puedas
verlo todos los días. Cuando mires el cheque,
hazlo con la sensación de que ya tienes ese
dinero. Imagínate gastando ese dinero, todas
las cosas que comprarás y las cosas que harás.
¡Siente qué maravilloso es! Reconoce que es
tuyo, porque en cuanto lo pides, lo es.

ENSEÑANZAS DIARIAS

Día 48

"Una persona que fija su mente en el lado oscuro de la vida, que revive una y otra vez las desgracias y frustraciones del pasado, está pidiendo más desgracias y frustraciones para el futuro. Si no ves más que mala suerte en tu futuro, estás implorando tener mala suerte y seguramente la tendrás".

PRENTICE MULFORD (1834 – 1891), *uno de los primeros escritores y fundadores del Movimiento del Nuevo Pensamiento y autor de* "Los Pensamientos son Cosas"

Eres el amo de tu vida, y el Universo está obedeciendo cada una de tus órdenes. No te dejes cautivar por las imágenes que han aparecido si no son las que querías. Hazte cargo de ellas, intenta comprenderlas si es posible, y déjalas ir. Luego genera nuevos pensamientos de lo que quieres, siéntelos, y da las gracias por su realización.

The Secret

Eres Dios en un cuerpo físico. Eres Espíritu encarnado. Eres Vida Eterna manifestándose en Tu persona. Eres todo poder. Eres todo sabiduría. Eres todo inteligencia. Eres perfección. Eres magnífico. Eres el creador, y estás creando la creación de Ti mismo en este planeta.

Si has crecido creyendo que ser rico no es espiritual, entonces te recomiendo fervientemente que leas la serie "Los Millonarios de la Biblia" de Catherine Ponder. En estos gloriosos libros descubrirás que Abraham, Isaac, Jacobo, José, Moisés y Jesús no sólo fueron maestros de la prosperidad sino también millonarios, con estilos de vida más opulentos de lo que muchos millonarios de hoy en día pueden concebir.

ENSEÑANZAS DIARIAS

Día 52

Como individuos, controlamos la frecuencia de nuestra energía a través de lo que pensamos y lo que sentimos. Si nos enfocamos mayormente en los buenos pensamientos y sentimientos, la ley de la atracción nos asociará con este mismo tipo de energías. Empezaremos a atraer personas, circunstancias y eventos a nuestras vidas que nos aportarán experiencias positivas, y no seremos atraídos a los eventos *negativos*.

ENSEÑANZAS DIARIAS
Día 53

Dar es una acción poderosa para traer más
dinero a tu vida, ya que al dar estás diciendo,
"Tengo en abundancia". No te sorprenderás
al descubrir que las personas más ricas del
planeta son los filántropos más grandes.
Donan vastas cantidades de dinero y, a medida
que lo hacen, por la ley de la atracción, el
Universo se abre y les devuelve un vasto
caudal de dinero —¡multiplicado!

ENSEÑANZAS DIARIAS
Día 54

Tu vida está en tus manos. No importa dónde estés ahora, no importa qué haya sucedido en tu vida, puedes empezar a elegir conscientemente tus pensamientos y cambiar tu vida. No existe una situación que sea irremediable. ¡Todas las circunstancias de tu vida pueden cambiar!

ENSEÑANZAS DIARIAS

Día 55

"Todo lo que somos es el resultado de lo que hemos pensado".

BUDA (563 – 483 A.C.)

ENSEÑANZAS DIARIAS
Día 56

No estás solo. Dentro de Ti hay un infinito poder creador y una presencia guiándote, amándote, y aguardando para darte todas y cada una de las cosas que elijas. Tienes acceso a todo lo que es, todo lo que ha sido, y todo lo que será —y ése es el poder creador que está dentro de Ti.

ENSEÑANZAS DIARIAS

Día 57

Para sentirte feliz, tómate unos minutos todos los días para enviar amor a todos los que conoces, y al mundo entero. Primero procura avivar intensamente el sentimiento de amor y paz en tu corazón, y luego siente ese amor saliendo de tu corazón hacia todos los demás. La ley de la atracción corresponde a las frecuencias que tú envías y te devolverá el amor multiplicado. Este ejercicio puede cambiar completamente tu vida si lo desarrollas correctamente y de modo profundo, al tiempo que afecta la vida de muchos otros.

Concéntrate en la belleza del mundo, en su magnificencia. A medida que más y más gente aprecie su belleza y se concentre en ella, nuestro planeta recibirá esa energía y veremos a la belleza manifestándose en todas partes.

Para atraer dinero, debes enfocarte en la riqueza. Es imposible atraer más dinero a tu vida cuando estás reparando en que no tienes suficiente, porque de esa manera estás produciendo *pensamientos* de insuficiencia. Concéntrate en la falta de dinero y estarás creando incontables circunstancias en las que te faltará dinero. Debes concentrarte en la abundancia de dinero para lograr atraerlo hacia ti.

Creo, y sé, que ningún mal es incurable. En determinado punto en el tiempo, siempre se ha encontrado la cura de toda enfermedad llamada "incurable". En mi mente, así como en el mundo que estoy creando, no existe la palabra "incurable". Hay espacio de sobra para ti en este mundo; así que únete a mí y a todos los que son parte de él. En este mundo los "milagros" son moneda corriente. Es un mundo totalmente desbordado por la abundancia, donde *todas* las cosas buenas ya existen, dentro de ti. Parece el Cielo ¿no? Lo es.

ENSEÑANZAS DIARIAS
Día 61

Puede ser que no sepamos reconocer cuáles son nuestros pensamientos más profundos, pero podemos ver lo que pensamos acerca de cada tema, si observamos lo que se ha manifestado en nuestra vida. La buena noticia es que todo lo que se ha hecho puede ser deshecho. Lo que fue creado puede ser re-creado. El método es simple: pensar deliberadamente y hablar acerca de lo que queremos. Recibiremos confirmación mediante nuestros sentimientos de que lo estamos haciendo correctamente porque nos sentiremos bien.

ENSEÑANZAS DIARIAS

Día 62

"Lo que sea que pidas en tu plegaria, si tienes fe, lo recibirás".

MATEO 21:22

ENSEÑANZAS DIARIAS

Día 63

Pide sólo una vez, piensa que ya has recibido,
y todo lo que te falta hacer para recibir es
sentirte bien. Cuando te sientes bien, estás
en la frecuencia del recibimiento. Estás en
la frecuencia que hace llegar todas las cosas
buenas hasta ti, y recibirás lo que has pedido.
Tú no pedirías nada a menos que recibirlo
te hiciera sentir bien, ¿no es cierto? Así
que sintoniza la frecuencia del bienestar, y
recibirás.

ENSEÑANZAS DIARIAS

Día 64

Hay un inagotable suministro de ideas a
tu disposición. Todos los conocimientos,
descubrimientos e invenciones ya existen
en la Mente Universal como posibilidades,
esperando que la mente humana les de forma.
Todo se alberga en tu conciencia.

ENSEÑANZAS DIARIAS

Día 65

El fracaso sólo llega si la persona no está
aplicando la ley correctamente. La ley nunca
falla.

¡Todo lo que deseas puedes conseguirlo
trabajando en tu interior! El mundo exterior
es el mundo de los efectos; es solamente
el resultado de los pensamientos. Fija tus
pensamientos y tu frecuencia en la felicidad.
Haz que brillen los sentimientos de felicidad
y alegría que están dentro tuyo, transmítelos
al Universo con toda tu fuerza, y así
experimentarás el verdadero cielo en la tierra.

ENSEÑANZAS DIARIAS

Día 67

Cuando te sientes mal contigo mismo es como si dejaras escapar la vida que hay en ti, ya que todo lo bueno que tienes en cada área —incluyendo salud, riqueza y amor— se encuentra en la frecuencia de la alegría y el bienestar. El sentimiento de poseer una energía ilimitada, y esa increíble sensación de salud y prosperidad, se encuentran en la frecuencia del sentirte bien. Cuando te sientes mal acerca de Ti, estás en una frecuencia que atrae más gente, situaciones y circunstancias que seguirán haciéndote sentir mal acerca de Ti.

ENSEÑANZAS DIARIAS

Dar gracias es una parte fundamental en las enseñanzas de todos los grandes avatares de la historia. En el libro que cambió mi vida, *La Ciencia de Hacerse Rico*, escrito por Wallace Wattles en 1910, el capítulo dedicado a la gratitud es el más extenso. Todos los maestros presentados en *El Secreto* hacen de la gratitud parte de su rutina. Gran parte de ellos comienza su día con pensamientos y sentimientos de gratitud.

ENSEÑANZAS DIARIAS

"La buena noticia es que en el momento en que decidas que lo que tú sabes es más importante que lo que te han enseñado a creer, habrás cambiado el mecanismo de tu búsqueda de la abundancia. El éxito viene de adentro, nunca de afuera".

RALPH WALDO EMERSON (1803 – 1882)

ENSEÑANZAS DIARIAS

Día 70

the Secret®

Todos los seres humanos estamos hechos
para vivir con alegría. Es nuestro estado
natural, y lo sabemos, porque cuando
tenemos emociones negativas nos sentimos
terriblemente mal. Queremos ser felices. El
punto más importante que debemos entender
es que ser felices es nuestra elección, porque es
un sentimiento que generamos desde adentro.
Debemos tomar ahora la decisión de ser felices
en nuestro interior para atraer una vida de
felicidad en el exterior.

ENSEÑANZAS DIARIAS
Día 71

He aquí un ejemplo perfecto de El Secreto y de la ley de la atracción en acción: es posible que conozcas personas que, luego de amasar una gran fortuna, la perdieron y, en un período breve, la recuperaron nuevamente. Conscientemente o no, sus pensamientos dominantes eran de riqueza; así es como la consiguieron en primera instancia. Luego dejaron que los pensamientos de temor a perder su riqueza entraran en sus mentes, hasta que estos pensamientos de temor se transformaron en sus pensamientos dominantes. Torcieron la balanza del lado de los pensamientos de riqueza hacia el de los pensamientos de pérdida, y así perdieron todo. Una vez que lo hubieron perdido, sin embargo, el miedo a la pérdida desapareció, e inclinaron la balanza de nuevo con pensamientos predominantes de riqueza. Y la riqueza volvió.

ENSEÑANZAS DIARIAS
Día 72

Tus pensamientos se transforman en las cosas de tu vida. ¡Tus pensamientos se convierten en cosas! Repítete esto varias veces y deja que se asiente en tu conciencia. ¡Tus pensamientos se convierten en cosas!

the Secret ®

Nadie más es experto en Ti, y en el momento en que crees que alguien lo es, has delegado tu poder. Tú eres el único experto en Ti. Cuando no sepas qué hacer, o cómo manejar una situación, o qué camino tomar, o cómo manifestar algo, o creas que necesitas guía en cualquier otra cosa, usa los principios de El Secreto ¡y pide! Dirige el pedido a Tu interior, ten fe en la aparición de una respuesta, y recibirás la respuesta perfecta para ti. Tienes libre acceso a toda la sabiduría, todo el conocimiento y todo el poder del Universo ¡dentro de Ti! ¡Por eso tú eres el experto en Ti!

ENSEÑANZAS DIARIAS

Día 74

He descubierto en mi vida, y en la de otros, que no pensamos bien acerca de nosotros mismos, ni nos amamos por completo. No amarnos puede estar manteniendo aquello que deseamos *lejos* de nosotros. Cuando no nos amamos, estamos literalmente rechazando cosas, porque la frecuencia del Universo es toda amor. Esa Inteligencia que es nuestro Universo tiene sólo amor incondicional para ti, ¡porque tú eres Tú! Para entrar en armonía con todo el amor y el bien, es tiempo de que te ames a Ti mismo.

Enséñales El Secreto a tus hijos. Enséñales que pueden atraer lo que quieran hacia ellos. La única forma de manejar sus pedidos constantes es haciéndoles entender que son seres ilimitados y que pueden crear lo que deseen. Tus hijos se sentirán fortalecidos al saber que no son únicamente sus padres quienes atienden sus necesidades, sino también el Universo. Enséñales qué hacer. Enséñales el proceso creativo: pedir, creer, recibir. Crea una Pizarra de la Visión para que ellos dibujen e inventen imágenes de lo que quieren, y luego aliéntalos para que comiencen a pensar que ya lo tienen. Explícales que todo lo que den volverá a ellos. Ésta es tu oportunidad para fortalecer a tus hijos para el resto de sus vidas.

ENSEÑANZAS DIARIAS

Día 76

"Nada puede prevenir que tu imagen tome forma concreta excepto el mismo poder que le dio vida: tú".

GENEVIEVE BEHREND (C.1881 – C.1960)

¿Puedes detenerte a considerar que aún te esperan cosas maravillosas? ¿Puedes depositar toda tu fe y tu confianza en el Universo y reconocer que eres amado y que todo lo que ocurre está ocurriendo PARA ti? Porque éste es exactamente el caso.

La alabanza y la bendición desintegran toda negatividad, por eso alaba y bendice a tus enemigos. Si los maldices, la maldición volverá hacia *ti* para dañarte. Si los alabas y bendices, desintegrarás toda negatividad y discordia, y el amor de tu bendición y tu alabanza volverá hacia ti. Cuando alabes y bendigas, sentirás el cambio a una nueva frecuencia y la respuesta a tus buenos sentimientos.

Si la dejas, tu mente puede ser como una locomotora fugitiva. Puede arrastrarte hacia pensamientos del pasado, y luego arrastrarte hacia pensamientos del futuro, proyectando en tu futuro los eventos negativos de tu pasado. Esos pensamientos descontrolados también están creando. Cuando estás alerta, estás en el presente y sabes lo que estás pensando. Has tomado el control de tus pensamientos, y en eso reside todo tu poder.

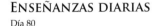

Nos resulta imposible ver el gran diseño de nuestras vidas, pero el Universo o Poder Creativo puede verlo todo. A veces creemos que algo está bien para nosotros, pero cuando las cosas no ocurren como esperamos, debemos tener fe en el Universo, que corresponde todos nuestros deseos y los enlaza con cada aspecto de nuestra vida.

ENSEÑANZAS DIARIAS

Día 81

Hay un poder formidable en tu corazón. Para sentir este poder, la próxima vez que estés conversando con alguien, imagina que tus palabras provienen directamente de tu corazón en lugar de tu mente. Mientras hablas, mantente enfocado en las palabras que salen de tu corazón. Cuando hagas esto, sentirás una ola de gozo puro moviéndose a través de ti. A medida que ganes práctica, podrás ir viendo el efecto que tu corazón tiene en la persona con la que hablas. El poder de tu corazón alcanzará también a muchos otros, ya que nada puede interponerse en el camino de su potente radiación.

Debes alinearte con la inteligencia del Universo para conectarte con toda su sabiduría y su poder benéfico. Para actuar como actuaron los grandes del pasado y alcanzar la frecuencia de las posibilidades ilimitadas, del conocimiento, el poder y el bien que están siempre disponibles para todos y cada uno de nosotros, debes saber que este infinito Poder Creativo existe, e irradiar todo el bien que hay en tu mente y tu corazón.

ENSEÑANZAS DIARIAS

Día 83

"*Puedes tener lo que deseas —si sabes cómo darle forma en tus propios pensamientos. No hay sueño que no pueda ser realizado, si tan sólo aprendes a usar la Fuerza Creativa a tu favor. El mismo método que funciona para una cosa funciona para todas. La clave del poder está en usar lo que ya tienes... con libertad, con plenitud... y así abrir plenamente tus canales para que más Fuerza Creativa fluya a través tuyo*".

ROBERT COLLIER (1885-1950)

ENSEÑANZAS DIARIAS

Día 84

Atraer el peso perfecto es lo mismo que ordenar algo del catálogo del Universo. Revisas el catálogo, eliges tu peso perfecto, lo pides, y te es enviado.

ENSEÑANZAS DIARIAS

Día 85

Si quieres recibir todas las cosas que estás soñando para Ti, debes saber que lo lograrás a través de tu alegría —de tu sentimiento interior de felicidad. Ese es el camino más rápido. Tu alegría —sentirte bien— es el camino más corto a todo lo que deseas. Si eliges ser feliz ahora, sin importar lo que esté ocurriendo a tu alrededor, habrás liberado la magia del Universo, que derramará felicidad ilimitada en tu vida.

Un cambio hacia pensamientos y sentimientos
dominantes de amor y gratitud es la respuesta
a todas las cosas indeseables. La negatividad,
en cualquiera de sus formas, no puede existir
en un campo energético de amor y gratitud.

ENSEÑANZAS DIARIAS

Día 87

Como en todas las leyes de la naturaleza, hay perfección pura en El Secreto, la ley de la atracción. Tú mismo creas tu vida. ¡Lo que siembras, cosecharás! Tus pensamientos son semillas, y los frutos que recojas dependerán de las semillas que hayas plantado.

ENSEÑANZAS DIARIAS

Día 88

No existe el tiempo para el Universo ni existe el tamaño para el Universo. Es tan fácil lograr que un dólar se manifieste como que se manifieste un millón. Es el mismo proceso, y el único motivo por el que uno puede venir más rápido y el otro tomar más tiempo es que tú pensaste que un millón de dólares era mucho dinero y que un dólar no era tanto.

Toda tu alegría se encuentra en la frecuencia del amor —la más alta y poderosa de todas las frecuencias. No puedes sostener el amor en tus manos. Sólo puedes *sentirlo* en tu corazón. Es un estado del ser. Puedes encontrar evidencia del amor siendo expresado a través de la gente, pero el amor es un sentimiento, y tú eres el único que puede irradiar y emitir ese sentimiento de amor. Tu habilidad para generar sentimientos de amor es ilimitada y, cuando amas, estás en completa y total armonía con el Universo.

ENSEÑANZAS DIARIAS
Día 90

"*Cuando reces, ten fe en recibir aquello que deseas,
y lo recibirás*".

MARCOS 11:24

ENSEÑANZAS DIARIAS

Día 91

Bob Proctor, colaborador de *El Secreto*, sugiere que escribas tus deseos. "Empieza cada oración con, *Estoy tan feliz y agradecido ahora que...*" (y completas el resto). Cuando das las gracias como si ya hubieses recibido lo que deseas, estás emitiendo una poderosa señal hacia el Universo. Esa señal está diciendo que ya tienes lo que deseas porque sientes gratitud por ello. Cada mañana, antes de levantarte, acostúmbrate al proceso de agradecer por *adelantado* el gran día que te espera, como si ya hubiese transcurrido.

ENSEÑANZAS DIARIAS
Día 92

La risa atrae alegría, descarga negatividad, y
conduce a curas milagrosas.

Todas las posibilidades ya existen. Todo conocimiento, todo descubrimiento, y toda futura invención, ya existe como posibilidad en la Mente Universal, esperando ser extraída por la mente humana. Cada creación e invención en la historia también ha sido extraída, consciente o inconscientemente, de la Mente Universal.

ENSEÑANZAS DIARIAS
Día 94

Puedes dar dinero para atraer más a tu vida,
con la condición de que, al darlo, te sientas
bien. Cuando eres generoso con tu dinero y te
sientes bien compartiéndolo, estás emitiendo
una frecuencia que dice, "Tengo de sobra".
Esta frecuencia es medida por la ley de la
atracción, gracias a la cual tendrás dinero
de sobra. Si no te sientes bien al dar dinero,
tus sentimientos están diciéndote que estás
teniendo "falta o insuficiencia de dinero" en
tu conciencia. Para lograr hacer un cambio en
el tema del dinero, empieza por imaginar que
estás dando dinero. A medida que te imagines
dando dinero en todo tipo de situaciones
y sientas las emociones del hecho como si
fuese real, comenzarás rápidamente a sentirte
mucho mejor acerca del dinero. A través
de tu imaginación, podrás experimentar la
verdadera alegría de dar.

ENSEÑANZAS DIARIAS

Día 95

Cuando estás en la corriente de la inteligencia Universal, tienes acceso ilimitado a toda la sabiduría y todo el poder para convertir tu sueño en realidad. Cuando estás en sintonía con el infinito, puedes sentir el poder de la energía corriendo a través tuyo, urgiéndote a seguir. Tu corazón arde de pasión, te sientes vivo, y *sabes* que vas a lograr lo que te has propuesto. Lo puedes saborear, sentir, y ver como si lo tuvieses en tus manos en ese preciso instante. Cuando estás en sintonía con este poder, las acciones inspiradas empiezan a fluir. Es como estar en un río y ser llevados por la fuerza de la corriente. Todo se da sin esfuerzo y puedes sentir el poder del Universo impulsándote hacia tu deseo.

ENSEÑANZAS DIARIAS

Día 96

No existe un poder más grande en el Universo que el poder del amor. El sentimiento de amor es la frecuencia más alta que puedes emitir. Si lograses envolver con amor cada pensamiento, si pudieses amarlo todo y a todos, tu vida se transformaría.

ENSEÑANZAS DIARIAS

Día 97

"Para tener amor... llénate de él hasta transformarte en un imán".

CHARLES HAANEL (1866 – 1949)

ENSEÑANZAS DIARIAS
Día 98

LUNES

Los hermanos Wright y el aeroplano. George Eastman y el film. Thomas Edison y la bombilla eléctrica. Alexander Graham Bell y el teléfono. Todas las cosas han sido inventadas o creadas de una única manera: gracias a que una persona vio una imagen en su mente. La vio claramente y, manteniendo en su mente esa visión del resultado final, hizo que todas las fuerzas del Universo trajeran su invención al mundo, *a través* suyo. Estos hombres conocían El Secreto. Tenían una fe profunda en lo invisible, y sabían que dentro suyo tenían el poder para forzar el Universo y hacer visible su invención. Su fe y su imaginación han causado la evolución de la humanidad, y cada día todos recogemos los frutos de lo que sus mentes crearon.

ENSEÑANZAS DIARIAS

Día 99

Cuando enfocas tus pensamientos en algo que quieres, y mantienes el foco, estás invocando aquello que quieres con la fuerza más poderosa del Universo.

ENSEÑANZAS DIARIAS

Día 100

Somos preciosos; cada uno de nosotros. Somos seres extraordinarios dotados de un don todopoderoso —la habilidad de crear nuestras propias vidas, sin límite alguno.

ENSEÑANZAS DIARIAS
Día 101

Cuando te detengas a pensar, procura concentrarte en el momento presente. Hazlo cientos de veces por día porque, recuerda, todo tu poder reside en tu conciencia de ese poder. Michael Bernard Beckwith resume esta conciencia del poder cuando dice, "¡Acuérdate de acordarte!" Estas palabras se convirtieron en la banda de sonido de mi vida.

Una forma de gobernar tu mente es aprender
a calmarla. Todos los maestros de *El Secreto*
hacen de la meditación una práctica diaria.
No fue sino hasta que descubrí El Secreto
que me di cuenta del poder de la meditación.
La meditación calma tu mente, te ayuda
a controlar tus pensamientos, y revitaliza
tu cuerpo. Para comenzar, sólo tres a diez
minutos de meditación diaria pueden ser
increíblemente poderosos para tomar el control
de tus pensamientos.

ENSEÑANZAS DIARIAS

Día 103

Muchas personas se han sacrificado por otras creyendo que, al sacrificarse, estaban siendo buenas personas. ¡Error! El sacrificio sólo puede originarse en pensamientos de insuficiencia extrema, que en realidad están diciendo, "No hay suficiente para todos, así que yo me quedaré sin mi parte". Esos sentimientos causan malestar y eventualmente llevan al resentimiento. Hay en abundancia para todos y es responsabilidad de cada uno invocar aquello que desea. No puedes invocar en lugar de otro porque no puedes pensar ni sentir en lugar de otro. Tu tarea eres Tú. Cuando sentirte bien se convierte en prioridad, esa extraordinaria frecuencia va a irradiar y alcanzar a todo aquél que esté cerca tuyo.

ENSEÑANZAS DIARIAS

Día 104

"La combinación de amor y pensamiento es lo que forma la fuerza irresistible de la ley de la atracción".

CHARLES HAANEL (1866 – 1949)

The Secret®

Si convertir lo invisible en visible te parece
una tarea difícil, prueba este atajo: contempla
lo que deseas como si fuese un *hecho* absoluto.
Esto hará manifestarse lo que quieres a la
velocidad de la luz. En el momento en que
pides, ya es un *hecho* en el campo espiritual
Universal, y ese campo es todo lo que existe.
Cuando concibes algo en tu mente, reconoce
que es un *hecho*, y que no puede haber dudas
acerca de su manifestación.

ENSEÑANZAS DIARIAS

Día 106

Ama todo lo que puedas. Ama a todos los que puedas. Concéntrate sólo en cosas que ames, siente amor, y sentirás ese amor y esa alegría volviendo a ti ¡multiplicada! La ley de la atracción debe enviarte de regreso más cosas para amar. Al irradiar amor, te parecerá que el Universo entero está haciendo todo por ti, movilizando cada cosa placentera hacia ti, y cada buena persona hacia ti. Y en verdad, lo está haciendo.

¡Cualquier cosa que elijas para Ti es la correcta!
No puedes equivocarte. ¡Si has elegido algo
para ti, es lo correcto! No puedes fallar. Es
imposible que falles, porque ¿cómo podrías
fallar en ser Tú mismo? Eres el perfecto
Tú, porque nadie más puede ser Tú. ¡Tú te
entiendes perfectamente! ¿Comprendes que,
en este mismo instante, eres extraordinario y
absolutamente exitoso en la tarea de ser Tú?

ENSEÑANZAS DIARIAS

Día 108

El Universo es el suministro y el abastecedor Universal de todo. Todo proviene del Universo y llega a ti *a través* de gente, circunstancias y eventos, gracias a la ley de la atracción. Piensa en la ley de la atracción como si fuera la ley del abastecimiento. Es la ley que te permite extraer de su infinito abastecimiento. ¡Cuando emitas la frecuencia perfecta de lo que deseas, la gente, las circunstancias y los eventos perfectos serán atraídos y enviados hacia ti!

ENSEÑANZAS DIARIAS

Día 109

Sé feliz *ahora*. Siéntete bien *ahora*. Es lo único que tienes que hacer. Si este concepto es el único que rescatas de tu lectura de *El Secreto*, habrás comprendido la parte más importante de El Secreto.

ENSEÑANZAS DIARIAS

Día 110

No hay una sola instancia en la historia
en la cual el odio haya traído alegría a la
humanidad. Es una fuerza negativa que sólo
sirve para destruir a quienes la llevan en sus
cuerpos y mentes. Si la mayor parte de la
humanidad se desprendiera del odio, el miedo
y el resentimiento, las guerras desaparecerían
de nuestro planeta.

"Que un hombre pueda cambiarse a sí mismo... y controlar su propio destino es la conclusión de toda mente atenta al poder del pensamiento justo".

CHRISTIAN D. LARSON (1866 – 1954)

Tienes que *sentirte bien* acerca del dinero para atraer más. Es comprensible que cuando la gente no tiene suficiente dinero, no se siente bien al respecto, justamente porque no tiene suficiente. ¡Pero esos sentimientos negativos acerca del dinero están impidiendo que más dinero llegue hasta ti! Debes detener el ciclo, y sólo lo detendrás si empiezas a sentirte bien con el dinero, y a estar agradecido por lo que tienes. Empieza a decir y *sentir*, "Tengo más que suficiente". "Hay dinero en abundancia y está viniendo hacia mí". "Soy un imán de dinero". "Amo el dinero y el dinero me ama". "Todos los días recibo dinero". "Gracias. Gracias. Gracias."

ENSEÑANZAS DIARIAS

Día 113

Estás creando tu vida con tus pensamientos y la ley de la atracción, y cada persona hace lo mismo. No funciona sólo a condición de que seas consciente de ello. Siempre ha funcionado en tu vida y en la de todas las otras personas a lo largo de la historia. Cuando tomas *conciencia* de esta gran ley, tomas *conciencia* de tu increíble poder, que te permite PENSAR la trama de tu vida.

ENSEÑANZAS DIARIAS
Día 114

Cuando te concentras en las cosas buenas
te sientes bien y traes al mundo más cosas
buenas. Al mismo tiempo, estás trayendo más
cosas buenas a tu propia vida. ¡Cuando te
sientes bien, ennobleces tu vida y ennobleces
al mundo! ¿Estás empezando a vislumbrar el
poder fenomenal que posees en este mundo
tan sólo por el hecho de existir?

Mucha gente, particularmente en las sociedades occidentales, buscan tener más "tiempo" y se quejan de *no tener suficiente*. Ahora bien, cuando alguien dice que no tiene tiempo, eso es lo que ocurre gracias a la ley de la atracción. Si estuviste persiguiéndote el rabo pensando que no tienes tiempo, de ahora en adelante declara enfáticamente, "Tengo tiempo de sobra". Y cambia tu vida.

ENSEÑANZAS DIARIAS

Día 116

Puedes *pensar* tu camino hacia el estado de
salud perfecto, el cuerpo perfecto, el peso
perfecto y la juventud eterna. Puedes dotarlos
de existencia a través de tu pensamiento
constante de perfección.

ENSEÑANZAS DIARIAS

Día 117

Si las palabras *"No puedo pagarlo..."* han pasado por tus labios, tienes el poder de cambiarlas *ahora*. En los próximos treinta días, toma la resolución de mirar todo lo que quieras y decirte, *"Puedo pagarlo. Puedo comprarlo"*. Cuando veas el automóvil de tus sueños pasar a tu lado, di, *"Puedo pagarlo"*. Cuando veas la ropa que adoras o pienses en esas vacaciones fantásticas, di, *"Puedo pagarlas"*. Cuando hagas esto empezarás a cambiar y a *sentirte* mejor con respecto al dinero. Empezarás a convencerte de que puedes tener esas cosas y, al hacerlo, las imágenes de tu vida cambiarán.

ENSEÑANZAS DIARIAS

Día 118

"Si algo te falta, si eres presa de la pobreza o la enfermedad, es porque no crees o no comprendes el poder que hay dentro tuyo. No es un problema de la distribución Universal. Ella le ofrece todo a todos —sin favoritismos".

ROBERT COLLIER (1885-1950)

ENSEÑANZAS DIARIAS

Día 119

Los seres humanos están hechos de dos cosas:
sus creencias y la verdad. Cuando te libres de
tus creencias empezarás a ver más la verdad.
Los seres humanos más ilustres de la historia
tuvieron el coraje de librarse de sus creencias
y encarnar la verdad. Ellos nos mostraron el
camino.

ENSEÑANZAS DIARIAS

Día 120

The Secret ®

Nada es limitado —ni los recursos ni el
resto de las cosas. Sólo están limitados en la
mente humana. Cuando abramos nuestras
mentes al ilimitado poder creativo, estaremos
convocando a la abundancia y veremos y
experimentaremos un mundo completamente
nuevo.

ENSEÑANZAS DIARIAS
Día 121

Recuerda que eres un imán, atrayendo todo hacia ti. Cuando esclareces en tu mente lo que quieres, te conviertes en un imán para atraerlo y, recíprocamente, las cosas que deseas se cargan magnéticamente con una atracción hacia ti. Cuanto más practiques y empieces a ver la ley de la atracción trayéndote cosas, más te convertirás en un imán poderoso, porque estarás sumando el poder de la fe, la convicción y el conocimiento.

Cuando nos sentimos felices en nuestro interior, la ley de la atracción está correspondiendo ese sentimiento y trayéndonos felicidad ilimitada. La ley de la atracción dice, "Lo semejante atrae a lo semejante". Tenemos que estar exactamente en el mismo estado en nuestro interior que aquello que queremos atraer en el exterior. No puedes pretender que tu vida cambie si te quejas y te sientes miserable. En ese estado estarás atrayendo más miseria hacia ti. Tienes que ser "semejante" a aquello que quieres atraer.

ENSEÑANZAS DIARIAS

Día 123

Cuando han aparecido imágenes de algo que no quieres, es la señal para que cambies tu manera de pensar y emitas una nueva sintonía. Incluso si se trata de un problema mundial, no estás imposibilitado. Tienes *todo* el poder. Concéntrate en todo el mundo sintiendo alegría. Concéntrate en la abundancia de alimentos. Pon tus pensamientos poderosos en lo que sea necesario. Cuentas con la habilidad de darle muchísimo al mundo, emitiendo sentimientos de amor y bienestar, a pesar de lo que esté ocurriendo a tu alrededor.

ENSEÑANZAS DIARIAS
Día 124

Imagina que la vida es un río rápido. Cuando actúes para hacer que algo ocurra, te sentirás como si estuvieses nadando contra la corriente del río. Lo sentirás como una tarea difícil, como una pelea. Cuando actúes para recibir del Universo, te sentirás como si estuvieses flotando en la corriente del río. Sentirás que no haces ningún esfuerzo. Ésa es la sensación de la acción justa, de entrar en la corriente del universo y de la vida.

Resistirse a cualquier cosa es como intentar cambiar las imágenes exteriores luego de que han sido transmitidas. Es una tarea inútil. Para crear nuevas imágenes tienes que ir hacia adentro y emitir una nueva señal con tus pensamientos y sentimientos. Si ofreces resistencia a lo que aparece, estarás otorgándole más energía y poder a esas imágenes que te disgustan y atrayendo más a una velocidad vertiginosa. Los eventos y circunstancias sólo pueden agrandarse, porque ésa es la ley del Universo.

"Lo que resistes, persiste".
CARL JUNG (1875 – 1961)

ENSEÑANZAS DIARIAS
Día 126

Puedes usar la ley de la atracción para crear toda tu vida por anticipado, comenzando por la próxima acción que hagas hoy.

ENSEÑANZAS DIARIAS
Día 127

A medida que te hagas más consciente de cómo te sientes, te harás más consciente de tus palabras y pensamientos. Se va haciendo cada vez más fácil. Entonces, cuando te escuches decir algo que no quieres, sencillamente vuelve a especificar qué es lo que sí quieres. Por ejemplo, "Estoy cansado", es una frase común que la gente dice. Si cuando lo dices todavía tienes la mitad del día por delante, estás pidiéndole al Universo un día complicado, lleno de fatiga. Te sugiero reemplazar esas palabras con éstas: "Estoy absorbiendo energía ilimitada. Me siento más energético a cada segundo. Me siento maravillosamente bien". *Ahora* tienes todo el poder de la ley de la atracción y, si sientes intensamente lo que quieres, puedes cambiarlo todo.

ENSEÑANZAS DIARIAS

Día 128

El conocimiento de El Secreto y del uso intencional de la ley de la atracción puede aplicarse en cada una de las áreas de tu vida. Es el mismo proceso para todo lo que quieras crear, y el tema del dinero no es diferente.

Todo el bien está siendo transmitido
continuamente a todas y cada una de las
personas, y hemos sido dotados de libre
albedrío para crear nuestras vidas. Podemos
dejar entrar todo el bien a nuestras vidas
si vivimos en armonía con él, o podemos
desconectarnos de él. La decisión es nuestra.

ENSEÑANZAS DIARIAS

Día 130

Piensa en lo que has pedido, y asegúrate de que tus acciones reflejen lo que esperas recibir, y que no contradigan tu pedido. Actúa como si lo estuvieses recibiendo. Haz exactamente lo que harías si lo recibieras hoy, y toma decisiones en tu vida que reflejen esa poderosa expectativa. Prepárate para recibir tus deseos porque, cuando lo haces, estás transmitiendo esa poderosa señal de expectativa.

Si no te tratas a ti mismo como quieres que otros te traten, nunca cambiarás el estado de las cosas.

ENSEÑANZAS DIARIAS

Día 132

"*Cada uno de tus pensamientos es un objeto real —una fuerza*".

PRENTICE MULFORD (1834-1891)

¡Te encuentras aquí, en este glorioso planeta,
dotado con este maravilloso poder para crear
tu vida! ¡No existen límites para lo que puedes
crear para Ti, porque tu habilidad de pensar es
ilimitada! Pero no puedes crear la vida de otras
personas por ellas. No puedes pensar por ellas
y, si intentas forzarles a aceptar tu opinión,
sólo atraerás fuerzas similares hacia Ti. Por
eso: deja a los otros crear la vida que desean.

ENSEÑANZAS DIARIAS

Día 134

Todo lo que deseamos, sea lo que sea, está motivado por el amor. Existe para que podamos tener la experiencia de sentir *el amor* al tener esas cosas —juventud, dinero, la persona perfecta, y el trabajo, cuerpo y salud ideales. Para atraer las cosas que amamos debemos transmitir amor, y esas cosas aparecerán inmediatamente.

ENSEÑANZAS DIARIAS

Día 135

Si repasas tu vida y te concentras en las
dificultades del pasado, sencillamente
estarás atrayendo hacia Ti más dificultades
en el presente. Deja que todo eso se vaya, no
importa lo que sea. Hazlo por Ti. Si guardas
rencor o culpas a alguien por algo en el
pasado, sólo estarás haciéndote un daño
a Ti mismo. La única persona que puede
crear la vida que te mereces eres Tú. Cuando
te concentres deliberadamente en lo que
deseas, cuando empieces a irradiar buenos
sentimientos, la ley de la atracción responderá.
Todo lo que tienes que hacer es empezar y,
cuando lo hagas, liberarás la magia.

ENSEÑANZAS DIARIAS

Día 136

El Secreto está dentro tuyo. Cuanto más uses el poder en tu interior, más lo atraerás hacia ti. Alcanzarás un punto en el cual no necesitarás practicar más, porque Serás el poder, Serás la perfección, Serás la sabiduría, Serás la inteligencia, Serás el amor, Serás la alegría.

ENSEÑANZAS DIARIAS

Día 137

Algunos de los grandes pensadores del pasado se refirieron a la ley de la atracción como la ley del amor. Y si te detienes a pensarlo, te darás cuenta por qué. Si tienes pensamientos poco amables acerca de alguien, eres *tú* quien experimentará la manifestación de esos pensamientos. No puedes dañar a otro con tus pensamientos, sólo puedes dañarte a Ti. Si generas pensamientos de amor, adivina quién recibirá los beneficios. ¡Tú! Por lo tanto, si tu estado predominante es el amor, la ley de la atracción o la ley del amor responde con toda su fuerza porque te encuentras en la más alta frecuencia posible. Cuanto más grande es el amor que sientes y emites, más grande es el poder con el que cuentas.

ENSEÑANZAS DIARIAS

Día 138

Una epidemia más grave que cualquier plaga jamás vista por la humanidad ha estado causando estragos durante siglos. Es la epidemia del "no quiero". La gente mantiene viva esta epidemia cuando piensa, habla, actúa, y se enfoca predominantemente en lo que "no quiere". ¡Pero ésta es la generación que cambiará la historia, porque estamos recibiendo el conocimiento que puede librarnos de esta epidemia! Empieza contigo, y podrás transformarte en uno de los pioneros de este nuevo movimiento simplemente pensando y hablando acerca de lo que sí quieres.

ENSEÑANZAS DIARIAS

Día 139

"Permítenos recordar, tanto como sea posible, que cada pensamiento desagradable es literalmente una cosa dañina incrustada en el cuerpo."

PRENTICE MULFORD (1834 – 1891)

ENSEÑANZAS DIARIAS

Día 140

Haz lo que amas hacer. Si no sabes qué es lo que te produce alegría, pregunta, "¿Qué me hace feliz?" Al comprometerte en ser alegre, atraerás una avalancha de cosas alegres porque estarás irradiando alegría.

ENSEÑANZAS DIARIAS

Día 141

Para perder peso no te enfoques en "perder peso". Concéntrate, en cambio, en tu peso perfecto. Siente la sensación de tu peso perfecto, y lo atraerás hacia ti.

ENSEÑANZAS DIARIAS

Día 142

¿Alguna vez empezaste a pensar en algo con lo que no estabas conforme y, cuanto más pensabas en eso, peor te parecía? Esto se debe a que, cuando tienes un pensamiento en mente, la ley de la atracción empieza a traer pensamientos *similares* de forma inmediata. En cuestión de minutos has atraído tantos pensamientos infelices que la situación parece ir empeorando poco a poco. Cuanto más piensas al respecto, peor te pones. La ley de la atracción funciona en todos tus pensamientos, por eso un solo pensamiento sostenido está usando la ley para beneficiarte.

Es tu dicha interna la que crea una vida
magnífica en el exterior. No importa dónde
estés, qué estés haciendo, quién te acompañe
o qué esté ocurriendo a tu alrededor, llevas la
alegría contigo.

ENSEÑANZAS DIARIAS

Día 144

Si quieres perder peso, el punto más importante —más que cualquier otra cosa— es que te sientas alegre y feliz *ahora*, sin importar tu peso. Si puedes estar feliz ahora, al punto de sentirte tan bien que tu peso ya no te preocupe tanto, entonces conseguirás perderlo. Lo único que conserva el peso es tu resistencia a él, y en cuanto te sientas feliz dejarás de resistirte a tu peso.

ENSEÑANZAS DIARIAS

Día 145

Ahora estás empezando a entender que la abundancia te espera, y que no es tu tarea entender "cómo" el dinero llegará hasta ti. Tu tarea es pedir, creer que estás recibiendo, y sentirte feliz ahora. Déjale al Universo los detalles de cómo ocurrirá.

ENSEÑANZAS DIARIAS

Día 146

"*Recuerda, y ésta es una de las afirmaciones más difíciles y a la vez más maravillosas de captar, que no importa cuál sea tu dificultad, no importa dónde esté, no importa a quién afecte, tú eres tu único paciente; no puedes hacer nada más que convencerte a ti mismo de la verdad que deseas ver manifestada*".

CHARLES F. HAANEL (1866-1949)

ENSEÑANZAS DIARIAS

Día 147

La mayoría de la gente se siente incapacitada para ayudar a otros, cuando en realidad todo ser humano lleva dentro suyo un poder que, dirigido apropiadamente, puede ayudar más que cualquier otra cosa. Puedes darle dirección a este poder pensando en la gente que está en situaciones difíciles como si estuviese feliz, imaginándola feliz en este momento. Mantén el pensamiento de que las cosas se resolverán felizmente para ellos. Haciendo esto, harás que el inconmensurable Poder Creativo se mueva a través tuyo para traerles alegría.

ENSEÑANZAS DIARIAS

Día 148

En 1925 Florence Scovel Shinn dijo, "Nada en el mundo puede resistirse a una persona que no se resiste en absoluto". Estar en un estado de no-resistencia quiere decir que todo lo que desees será atraído magnéticamente hacia ti. ¿Cómo se siente no resistirse? Bueno, cuando te resistes te sientes pesado. Cuando no te resistes te sientes liviano. Es como flotar en el agua. Cuando quieres flotar en el agua no debes resistirte para poder flotar. Es una sensación de calma, de relajación absoluta, de dejar ir todas las tensiones. Cuando te abandonas a este estado de liviandad, el agua te sostiene por completo. Eso es lo que siente alguien al no resistirse. Cuando alcanzas ese estado te conviertes en un imán irresistible, y el Universo te sostiene íntegramente.

ENSEÑANZAS DIARIAS

Día 149

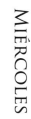

Confía en el Universo. Confía y cree y ten fe. Yo realmente no tenía idea de cómo iba a llevar el conocimiento de El Secreto a la pantalla grande. Simplemente me aferré al resultado de la visión en mi mente, la vi claramente, la sentí con todas mis fuerzas, y todo lo que necesitábamos para crear *El Secreto* vino hasta nosotros.

Tus pensamientos se convierten en cosas.

ENSEÑANZAS DIARIAS

Día 151

Respecto al dinero, resulta útil usar tu
imaginación y hacer de cuenta que ya tienes
el dinero que quieres. Juega a tener dinero y
te sentirás mejor acerca del mismo: a medida
que te sientas mejor, más dinero fluirá hacia tu
vida.

ENSEÑANZAS DIARIAS

Día 152

No se puede dejar de recalcar la importancia de los sentimientos. Tus sentimientos son la herramienta principal para ayudarte a crear tu vida. Tus pensamientos, sin embargo, son la causa principal de todo. Todo lo demás que ves y experimentas en este mundo es un efecto, incluyendo tus sentimientos. Tus pensamientos siempre son la causa.

ENSEÑANZAS DIARIAS

Día 153

"Contempla las cosas que quieres como si ya las tuvieras. Comprende que te llegarán cuando las necesites. Luego, déjalas venir. No pienses que te faltan. Piensa en ellas como si ya fuesen tuyas, como si te pertenecieran, como si ya estuviesen en tu posesión".

ROBERT COLLIER (1885 – 1950)

Cada uno de nosotros va creando su vida
mediante sus pensamientos y sus sentimientos,
de modo que no puedes sentirte responsable
por la felicidad de otra persona. Es imposible
que seas responsable de alguien más, ya que
no puedes meterte adentro de otros y pensar
y sentir por ellos. Concéntrate en tu propia
alegría, y conviértete en una inspiración para
todos los que te rodean.

ENSEÑANZAS DIARIAS

Día 155

Sobre el tema de la salud, me gustaría dejarte estas iluminadoras palabras del Dr. Ben Johnson: "Estamos entrando en la era de la medicina energética. Todo en el Universo tiene una frecuencia y todo lo que debes hacer es cambiar una frecuencia o crear una frecuencia opuesta. Cambiar cualquier cosa en el mundo es así de fácil, tanto si se trata de una enfermedad como de temas sentimentales o cualquier otra cosa. Esto es sumamente importante. Es el descubrimiento más importante que hemos hecho."

Dale vida a tu sueño en tu corazón y deja
que el Universo lo mueva todo para traerte
tu sueño. Siente tu sueño, siente la presencia
del Universo adentro tuyo, COMPRENDE
que el Universo está contigo, guiándote, y
luego permítele al Universo que haga tu sueño
realidad.

ENSEÑANZAS DIARIAS

Día 157

El sentimiento de amor es la frecuencia
más alta que puedes emitir. Cuanto más
amor sientas y emitas, más poder estarás
incorporando.

ENSEÑANZAS DIARIAS

Día 158

Debes cambiar tu enfoque y empezar a pensar en todo lo maravilloso que hay en Ti. Busca lo positivo que hay en Ti. A medida que te concentres en esas cosas, la ley de la atracción te mostrará más cosas estupendas acerca de Ti. Atraes aquello en lo que piensas. Todo lo que tienes que hacer es comenzar con un pensamiento sostenido acerca de algo bueno que hay en Ti, y la ley de la atracción responderá otorgándote más pensamientos *similares*. Presta atención a lo bueno que hay en Ti. ¡Quien busca, encuentra!

ENSEÑANZAS DIARIAS

Al Universo no le toma nada de tiempo
manifestar lo que deseas. Cualquier demora
que experimentes se debe a que tú mismo
te demoras en creer, saber y sentir que ya lo
posees. Eres tú quien necesita entrar en la
frecuencia de lo que deseas. Cuando estés en
esa frecuencia, lo que deseas aparecerá.

ENSEÑANZAS DIARIAS

Día 160

"*Sigue tu felicidad y el Universo abrirá puertas para ti, allí donde sólo había muros*".

JOSEPH CAMPBELL (1904 – 1987)

Cuando descubrí El Secreto, tomé la decisión de no volver a mirar las noticias o leer los periódicos porque no me hacían sentir bien. Pero los noticieros y los periódicos no son de ningún modo culpables por divulgar malas noticias. Nosotros somos responsables como comunidad global. Somos nosotros quienes compramos más periódicos cuando hay un gran drama en los titulares. Los ratings de los canales de noticias llegan al cielo cuando hay un desastre nacional o internacional. De modo que los periódicos y las redes de noticias nos entregan más malas noticias porque, como sociedad, eso es lo que estamos diciendo que deseamos. Los medios de comunicación son el efecto, y nosotros somos la causa. ¡Es simplemente la ley de la atracción puesta en marcha!

ENSEÑANZAS DIARIAS

Día 162

Cuando quieras una respuesta a tu pregunta,
dirige esa pregunta a Tu interior. Cree
y entiende que, en el momento en que
preguntas, estás obteniendo la respuesta. No
necesitas saber CÓMO te vendrá la respuesta,
pero la recibirás, y la respuesta que recibas será
la respuesta perfecta para Ti, porque la atrajiste
desde Tu interior.

ENSEÑANZAS DIARIAS

Día 163

Atraer algo negativo a tu vida toma
verdaderamente muchos pensamientos
negativos y un modo persistente de pensar
en términos negativos. Sin embargo, si
persistes en pensar de manera negativa, lo
negativo *aparecerá* en tu vida. Si te preocupa
tener pensamientos negativos, atraerás más
preocupaciones al respecto y los estarás
multiplicando simultáneamente. Decide ahora
mismo que sólo concebirás pensamientos
positivos. Al mismo tiempo, afírmale al
Universo que todos tus buenos pensamientos
son poderosos y que cualquier pensamiento
negativo es débil.

ENSEÑANZAS DIARIAS

Día 164

Si estás pensando, "No tengo suficiente dinero para dar", ¡bingo! ¡Ahora sabes por qué no tienes suficiente dinero! Cuando piensas que no tienes suficiente para dar, empieza a dar. A medida que demuestres tu fe en dar, la ley de la atracción te traerá más para que des.

ENSEÑANZAS DIARIAS

Día 165

Cuando descubrí El Secreto, quise enterarme cómo la ciencia y la física se vinculaban con este conocimiento. Lo que descubrí fue absolutamente increíble. Una de las cosas más excitantes de vivir en el mundo de hoy es que los descubrimientos en la física cuántica y la nueva ciencia están en total armonía con las enseñanzas de El Secreto y con lo que los grandes maestros han sabido a través de la historia.

ENSEÑANZAS DIARIAS

Día 166

No importa dónde vayas, a quién conozcas o qué hagas, siempre brinda amor y muestra agradecimiento, ya que es tu verdadera naturaleza. ¿Y cómo sabes que es tu verdadera naturaleza? ¡Porque te sientes tan bien cuando lo haces!

ENSEÑANZAS DIARIAS

Día 167

"*El secreto es la respuesta a todo lo que ha sido,
todo lo que es, y todo lo que será*".

RALPH WALDO EMERSON (1803 – 1882)

ENSEÑANZAS DIARIAS

Día 168

Si te ganas la lotería o recibes una gran
herencia, aun antes de tener físicamente
el dinero, ya sabes que es tuyo. Ése es
el sentimiento de creerlo tuyo. Ése es el
sentimiento de creer que ya lo posees. Ése
es el sentimiento de creer que has recibido.
Reclama las cosas que deseas sintiendo y
creyendo que son tuyas. Cuando lo hagas, la
ley de la atracción pondrá poderosamente en
movimiento todas las circunstancias, personas
y eventos que hagan falta para que tú recibas.

ENSEÑANZAS DIARIAS

Día 169

Recuérdales a tus hijos constantemente, mediante tus palabras, que son ilimitados —que pueden tener, hacer y ser todo lo que deseen. Recuérdales que deben expresar lo que desean y concentrarse en eso. Cuando dicen que no desean algo, pregúntales que es lo que sí desean. Haz que vuelvan siempre a lo que desean. Acoge a cada uno de tus hijos como el ser único que es, y regocíjate en su libertad de expresarse a sí mismo. Permíteles aprender sus propias lecciones y comprende que todo se está desarrollando perfectamente.

ENSEÑANZAS DIARIAS
Día 170

Cuando permites que un pensamiento de duda entre en tu mente, la ley de la atracción pronto acumula una duda tras otra. En el momento que tengas una duda, déjala ir de inmediato. Haz que se marche. Reemplázala con "*Sé* que estoy recibiendo ahora". Y siéntelo.

ENSEÑANZAS DIARIAS

Día 171

Una querida amiga mía, Marcy, es una de las mejores manifestadoras que haya conocido, y ella *siente* todo. Ella *siente* lo que sentiría si ya tuviese lo que está pidiendo. Ella *siente* todo hasta que existe. No se queda trabada en cómo, cuándo y dónde, simplemente *siente* lo que desea y luego esto se manifiesta. Así que siéntete bien ahora.

ENSEÑANZAS DIARIAS
Día 172

Cada noche antes de acostarte, agradece sinceramente el día que has tenido. Luego piensa que el día siguiente será alegre, hermoso y no acarreará esfuerzo. Cuando vayas caminando por la mañana, ¡confirma tus intenciones de que tu día sea extraordinario! A medida que vas creando cada uno de tus días, si no planeas tu día por anticipado, lo estarás entregando a los caprichos y energías de la conciencia masiva. No pongas tu día en las manos de otros —crea tu propio día extraordinario.

ENSEÑANZAS DIARIAS

Día 173

Para amarte a ti mismo por completo debes concentrarte en una nueva dimensión de Ti mismo. Debes concentrarte en la *presencia* que hay dentro de Ti. Tómate un momento y quédate quieto. Concéntrate en sentir la *presencia de la vida* adentro tuyo. A medida que te concentras en la *presencia* interior, ésta comenzará a revelarse a tus ojos. Es un sentimiento de amor y dicha puros, y es la perfección misma. Esa *presencia* es la perfección de Ti. Esa *presencia* es el Tú *real*. A medida que te concentras en esa presencia, a medida que sientes, amas y alabas esas presencia, estarás amándote a ti mismo por completo, posiblemente por primera vez en tu vida.

ENSEÑANZAS DIARIAS

Día 174

"*Todo poder proviene de nuestro interior y, por lo tanto, está bajo nuestro control*".

ROBERT COLLIER (1885 – 1950)

ENSEÑANZAS DIARIAS

Día 175

Tienes el poder de cambiarlo todo, ya que tú
eres el que elige tus pensamientos y tú eres el
que siente tus sentimientos.

ENSEÑANZAS DIARIAS

Día 176

Las personas que atraen riqueza a sus vidas, consciente o inconscientemente, están usando El Secreto. Conciben pensamientos de abundancia y riqueza, y no dejan que ningún pensamiento contradictorio se arraigue en su mente. Sus pensamientos predominantes son de riqueza. Solamente *conciben* la riqueza y no existe otra cosa en sus mentes. Conscientemente o no, sus pensamientos predominantes de riqueza son los que atrajeron su fortuna. Es la ley de la atracción puesta en marcha.

ENSEÑANZAS DIARIAS

Día 177

Para cambiar cualquier cosa en tu exterior,
debes darle vida a ese cambio en tu interior.
Cómo ocurrirá ese cambio en el exterior no es
algo que puedas decidir. Esa tarea le pertenece
al Universo. Tu tarea es irradiar todo el bien
desde tu interior, y las circunstancias exteriores
cambiarán para reflejar "todo el bien" que hay
dentro tuyo.

ENSEÑANZAS DIARIAS

Día 178

Existe una gran diferencia entre dar y sacrificar.
Dar desde un corazón desbordante es una
buena sensación. Sacrificar, no. No debes
confundirlas —son diametralmente opuestas.
Una emite una señal de abundancia y la
otra una señal de insuficiencia. Una produce
una buena sensación y la otra no. En última
instancia el sacrificio lleva al resentimiento. Dar
desde un corazón lleno es una de las acciones
más gozosas que puedes realizar. La ley de la
atracción toma esa señal y envía más gozo a tu
vida. Puedes sentir la diferencia.

ENSEÑANZAS DIARIAS

Día 179

Nuestros pensamientos son poderosos
creadores cuando se los pone en acción.
Cualquier paso que demos debe estar
precedido por un pensamiento. Los
pensamientos crean las palabras que decimos,
aquello que sentimos y nuestras acciones.
Las acciones son particularmente poderosas
porque son pensamientos que nos han
empujado a la acción.

ENSEÑANZAS DIARIAS

Día 180

La inteligencia infinita es toda amor y bondad, y esta infinita presencia de todo el amor y la bondad *es* nuestro Universo. Cuando nos hacemos conscientes de esta inteligencia y de esta presencia, hemos logrado hacernos uno con ella. Hemos pasado de la auto-consciencia, donde sentimos miedo y soledad, a la consciencia cósmica, donde reconocemos y sentimos nuestra unión con el Universo. El cambio de consciencia humana a consciencia cósmica está aumentando en nuestro planeta, y su evolución es inevitable. Estamos entrando en una nueva era para la humanidad, la era con la que soñaban todos los grandes seres que existieron.

ENSEÑANZAS DIARIAS

Día 181

"La sustancia espiritual de la cual proviene toda riqueza visible nunca se agota. Está contigo todo el tiempo y responde a tu fe en ella y a lo que le demandas".

CHARLES FILLMORE (1854 – 1948)

ENSEÑANZAS DIARIAS

Día 182

Cuanto más uses el poder que está en tu interior, más poder atraerás.

ENSEÑANZAS DIARIAS

Día 183

La idea más común que tiene la gente, y también yo solía pensar así, es que la comida es la responsable por nuestro aumento de peso. Esa idea no te sirve, y en mi mente ahora no es más que un enorme disparate. La comida no es responsable por hacerte subir de peso. Es tu *pensamiento* de que la comida es responsable por hacerte subir de peso lo que realmente hace que eso ocurra. Recuerda, los pensamientos son la causa primaria de todo; el resto son sólo los efectos de esos pensamientos. Concibe pensamientos perfectos y el resultado será un peso perfecto.

ENSEÑANZAS DIARIAS

Día 184

Cuando te sientes bien es porque estás
generando buenos pensamientos. Andas por el
buen camino y emites una frecuencia poderosa
que está atrayendo más cosas buenas que te
harán sentir bien. Aprovecha esos momentos
en los que te sientes bien hasta la última gota.
Comprende que, cuando te sientes bien, estás
atrayendo poderosamente más cosas buenas
hacia ti.

Existe una verdad profunda dentro tuyo que ha estado esperando que la descubras, y esa Verdad es ésta: *tú mereces todas las cosas buenas que la vida ofrece.* Lo sabes en tu interior, porque te sientes terriblemente mal cuando sientes la ausencia de cosas buenas. ¡Todo lo bueno es tu derecho de nacimiento! Eres el creador de ti mismo, y la ley de la atracción es la herramienta extraordinaria para crear todo lo que quieras en tu vida. ¡Bienvenido a la magia de la vida, y a la magnificencia de Ti mismo!

ENSEÑANZAS DIARIAS

Día 186

Para restaurar la armonía en una relación concéntrate en lo que aprecias de la otra persona y no en tus reclamos. Cuando te enfoques en las cosas maravillosas y las valores, te asombrará ver cuántas otras cosas admirables surgen de repente en la otra persona.

Visualización es el proceso de crear en tu mente imágenes de ti mismo disfrutando de aquello que más quieres. Cuando visualizas, estás generando pensamientos y sentimientos poderosos de tenerlo ahora. La ley de la atracción, entonces, te envía de regreso esa realidad como la viste en tu mente.

"El principio que le otorga al pensamiento el poder
dinámico de asociarse con su objeto y, por lo tanto,
de controlar toda experiencia humana adversa, es
la ley de la atracción, que es otro nombre del amor.
Éste es un principio eterno y fundamental inherente
a todas las cosas, todo sistema filosófico, toda
Religión y toda Ciencia. No hay forma de escapar
de la ley del amor. El sentimiento es lo que imparte
vitalidad al pensamiento. El sentimiento es deseo
y el deseo es amor. El pensamiento impregnado de
amor se vuelve invencible".

CHARLES HAANEL (1866 – 1949)

ENSEÑANZAS DIARIAS

Día 189

No son las personas quienes te están dando las cosas que deseas. Si mantienes esa creencia falsa, padecerás privaciones, ya que estás viendo al mundo externo y a las personas como tus proveedores. El verdadero proveedor es el campo invisible, así lo llames Universo, Mente Suprema, Dios, Inteligencia Infinita, o de cualquier otra forma. Cuando recibas algo, recuerda que tú lo has atraído a través de la ley de la atracción, y por estar en sintonía y armonía con el Proveedor Universal. La Inteligencia Universal, que todo lo impregna, movió personas, circunstancias y eventos para darte esas cosas, porque ésa es la ley.

ENSEÑANZAS DIARIAS

Día 190

Tu realidad actual o tu vida actual es el
resultado de los pensamientos que has estado
teniendo. Todo esto cambiará radicalmente
cuando empieces a cambiar tus pensamientos
y sentimientos.

ENSEÑANZAS DIARIAS

Día 191

Para transformar dramáticamente tu vida, sólo tienes que inclinar la balanza de tus pensamientos y sentimientos hacia el lado positivo. No tienes que hacer que cada pensamiento y cada palabra sean positivos. Cuando inclines la balanza hacia el lado positivo, la ley de la atracción estará justo ahí para ayudarte, porque los pensamientos *similares* atraen pensamientos *similares*. Cuando concibes buenos pensamientos, estás en la frecuencia de atraer más buenos pensamientos. Por supuesto, cuando concibas pensamientos malos estarás atrayendo más pensamientos malos, por eso en esos momentos es importante que te distraigas y pienses en algo que te haga sentir bien.

Tu mente produce pensamientos, y esos pensamientos son transmitidos de vuelta hacia ti bajo la forma de tu experiencia de vida. No sólo creas tu vida con tus pensamientos, también tus pensamientos colaboran poderosamente en la creación del mundo. Si creíste que eras insignificante y que no tenías poder alguno en este mundo, piénsalo otra vez. Tu mente en realidad está *dándole forma* al mundo a tu alrededor.

ENSEÑANZAS DIARIAS

Día 193

Da gracias por lo que ya tienes. Cuando empieces a pensar en todas las cosas en tu vida por las que estás agradecido, te sorprenderá la lista interminable de pensamientos que vuelven a ti de más cosas por las que debes estar agradecido. Sólo tienes que empezar, y luego la ley de la atracción recibirá esos pensamientos de gratitud y te enviará otros pensamientos similares. Habrás entrado en la frecuencia de la gratitud y todas las cosas buenas serán tuyas.

the Secret

La verdad es que el Universo ha estado respondiéndote durante toda tu vida, pero no puedes recibir las respuestas a menos que estés alerta. Sé consciente de todo a tu alrededor, porque estás recibiendo la respuesta a tus pedidos en todo momento del día. Los canales a través de los cuales pueden llegarte esas respuestas son ilimitados. Pueden ser enviadas bajo la forma de un titular de periódico que atraiga tu atención, o de algo que escuchaste al pasar, o de una canción en la radio, o de un cartel en un camión en la calle, o de una inspiración súbita. Acuérdate de acordarte, y toma conciencia.

ENSEÑANZAS DIARIAS

Día 195

"*Todo el mundo visualiza, sabiéndolo o no.
Visualizar es el gran secreto del éxito*".

GENEVIEVE BEHREND (ca. 1881-ca. 1960)

ENSEÑANZAS DIARIAS
Día 196

Cuando estás en control de tus sentimientos, puedes prender tu interruptor interno y amplificarlos. Cuando amplificas tus buenos sentimientos y los incrementas deliberadamente, te encuentras en la frecuencia de recibimiento del Universo. El Universo quiere dártelo todo, pero es necesario que te encuentres en la frecuencia de recibimiento. Tus buenos sentimientos son la notificación de que has sintonizado la frecuencia del Universo.

ENSEÑANZAS DIARIAS

Día 197

Ahora que conoces El Secreto, cuando veas gente rica sabrás que los pensamientos predominantes de esas personas son de riqueza y no de carencia, y que han *atraído* la riqueza hacia ellos —consciente o inconscientemente. Se han enfocado en los pensamientos de riqueza, y el Universo ha movido personas, circunstancias y eventos para llevarles riqueza. La riqueza que ellos tienen, tú también la tienes. La única diferencia entre tú y ellos es que ellos concibieron los pensamientos necesarios para atraerla. Tu riqueza te espera en lo invisible y, para atraerla a lo visible, ¡piensa en la riqueza!

La expectativa es una poderosa fuerza de atracción porque magnetiza las cosas hacia ti. Como dice Bob Proctor (colaborador de *El Secreto*): "El deseo te conecta con el objeto deseado y la expectativa lo atrae a tu vida". Espera aquello que quieres y no esperes aquello que no quieres. ¿Qué esperas ahora?

ENSEÑANZAS DIARIAS

Día 199

Nosotros controlamos la frecuencia de nuestra energía a través de nuestros pensamientos, sentimientos y creencias. Si somos predominantemente positivos y nos sentimos bien, estaremos atrayendo energía positiva similar a cada área de nuestras vidas. Si sentimos temor, impotencia, culpa o cualquier emoción negativa, estaremos atrayendo a nuestra vida energía negativa similar. Como todas las cosas son energía, la energía positiva atrae personas, circunstancias y eventos positivos a nuestra vida. La energía negativa atrae energía negativa, la cual padeceremos a través de personas, circunstancias y eventos negativos.

ENSEÑANZAS DIARIAS

Día 200

Marci Shimof aportó una maravillosa cita del gran Albert Einstein: "La pregunta más importante que cualquier ser humano puede hacerse es, '¿Es éste un Universo amistoso?'" Conociendo la ley de la atracción, la única respuesta posible es "Sí, el Universo es amistoso". ¿Por qué? Porque al responder de esta manera, gracias a la ley de la atracción, lo sentirás de esa manera. Albert Eistein expuso esta poderosa pregunta porque conocía El Secreto. Sabía que al plantear esta pregunta nos estaría forzando a pensar y tomar una decisión. Einstein nos brindó una gran oportunidad, sólo por plantear esta pregunta.

El Gran Secreto de la Vida es la ley de la atracción. La ley de la atracción también puede ser llamada la ley de la creación. En otras palabras, la vida no te está aconteciendo, la estás creando.

"Aquello que la mente puede concebir, puede lograr".

W. CLEMENT STONE (1902-2002)

ENSEÑANZAS DIARIAS

Día 203

Una forma poderosa de atraer dinero es empezar a darlo. Da donde puedas. Si puedes dar aunque sea un dólar, eso pondrá en marcha el flujo de dinero. Puedes dar de otras maneras que son igualmente poderosas. Dale amor y reconocimiento a la gente. Da las gracias por lo que tienes. Dale una ayuda, un gesto amable, una sonrisa, y lo mejor de ti a cada persona que encuentres. Cuando entres en acción y des con sinceridad, la ley de la atracción responderá y, a través de personas, circunstancias y eventos, recibirás en cada área de tu vida. No puedes engañar a la ley de la atracción. Tu acción de dar debe ser sincera y debes sentirla en tu corazón.

ENSEÑANZAS DIARIAS

Día 204

El estrés empieza con un pensamiento
negativo. Un pensamiento escapó nuestro
control y lo siguieron más y más pensamientos
por el estilo hasta que el estrés se manifestó.
El estrés es el efecto, pero la causa es el
modo negativo de pensar, y todo empezó
con un pequeño pensamiento negativo. No
importa lo que puedas haber manifestado,
siempre puedes cambiarlo... con un pequeño
pensamiento positivo, y después otro.

ENSEÑANZAS DIARIAS
Día 205

Cuando quieras atraer una relación, asegúrate
de que tus pensamientos, palabras, acciones,
y entorno no contradigan tus deseos. ¿Luces
y te sientes en tu mejor forma? ¿Hay lugar en
tu guardarropa para una nueva relación? ¿Tu
cámara está lista para capturar las imágenes
de la nueva relación? Piensa en las acciones
que tomarías para prepararte para la relación y
lleva a cabo todas las que puedas. ¿Estás listo
para recibir o tus acciones (o falta de ellas)
están contradiciendo tus deseos?

ENSEÑANZAS DIARIAS

Día 206

La enfermedad es retenida en el cuerpo por el pensamiento, por la observación de la enfermedad y por la atención prestada a la enfermedad. Si te sientes un poquito mal, no lo menciones —a menos que quieras más. Si le prestas oídos a la gente para que hable de su enfermedad, estás sumando energía a su enfermedad. En cambio, cambia la conversación hacia cosas buenas, y genera pensamientos poderosos de ver a esa gente saludable.

ENSEÑANZAS DIARIAS

Día 207

La única razón por la que cualquier persona no tiene suficiente dinero es que está *bloqueándolo* con sus pensamientos. Cada pensamiento, sentimiento o emoción negativa está *bloqueando* la llegada de las cosas buenas, incluyendo el dinero. No se trata de que el Universo esté manteniendo el dinero lejos tuyo, porque todo el dinero que necesitas existe en este preciso instante en lo invisible. Si no tienes suficiente, es porque estás previniendo que el flujo de dinero llegue hasta ti, y lo estás haciendo con tus pensamientos. Debes inclinar la balanza de tus pensamientos de falta de dinero a dinero en abundancia. Genera más pensamientos de abundancia que de falta, y habrás inclinado la balanza.

ENSEÑANZAS DIARIAS

Día 208

Es imposible sentirse bien y al mismo tiempo tener pensamientos negativos. Si te estás sintiendo bien es porque estás teniendo buenos pensamientos. Ya ves, puedes tener lo que quieras en la vida, sin límites. Pero hay una condición: tienes que sentirte bien. Y cuando lo piensas, ¿no es eso todo lo que quieres? La ley es realmente perfecta.

ENSEÑANZAS DIARIAS

Día 209

"Si el concepto de que la gratitud lleva a tu mente a una estrecha armonía con las energías creativas del Universo es nuevo para ti, considéralo atentamente, y verás que es correcto."

WALLACE WATTLES (1860 – 1911)

ENSEÑANZAS DIARIAS

Día 210

Al igual que el Genio de la lámpara de
Aladino, la ley de la atracción concede todos
nuestros deseos.

ENSEÑANZAS DIARIAS

Día 211

La ley es infalible y precisa, y dice que tus pensamientos y sentimientos dominantes volverán hacia ti en la forma de tu vida. Tanto si engendras pensamientos positivos como negativos, la ley está trabajando indefectiblemente en cada momento de tu vida, basada en esos pensamientos. Los pensamientos pesimistas traen una vida llena de pesimismo, y los buenos pensamientos y sentimientos traen una vida colmada de bien. ¡La decisión es tuya!

ENSEÑANZAS DIARIAS
Día 212

La ley sencillamente está reflejando y
devolviéndote exactamente aquello en lo
que concentras tus pensamientos. Con este
poderoso conocimiento, puedes cambiar
completamente cada circunstancia y evento
de tu vida entera, simplemente cambiando tu
manera de pensar.

ENSEÑANZAS DIARIAS

Día 213

A través de tus pensamientos y sentimientos, tienes la capacidad de aprovechar el abastecimiento ilimitado y traer lo que deseas a tu vida.

ENSEÑANZAS DIARIAS

Día 214

Eres un ser espiritual. Eres energía, y la energía no puede ser creada o destruida —sólo cambia de forma. Por lo tanto, la pura esencia de ti siempre ha existido y siempre existirá.

ENSEÑANZAS DIARIAS

Día 215

El poder del Universo está permanentemente disponible para ti y, cuando comprendas que este poder jamás ha fallado en ninguno de sus emprendimientos, podrás tener completa fe en que nunca te fallará a ti tampoco. Es tu conciencia y tu fe en este inconmensurable poder lo que te conecta con él.

ENSEÑANZAS DIARIAS

Día 216

"El verdadero secreto del poder es la conciencia del poder."

CHARLES HAANEL (1866 – 1949)

ENSEÑANZAS DIARIAS

Día 217

El Universo ama la gratitud, así que este mes comprométete a dar las gracias cada día. Todos los días busca cosas por las que estás agradecido. Haz que "gracias" se convierta en tu frase favorita. Mientras caminas de un lugar a otro, di "gracias" con cada paso. Comienza cada día con la palabra "gracias", y haz que tu último pensamiento de la noche sea de agradecimiento por el día. Sé agradecido bajo cualquier circunstancia, sin importar lo que esté ocurriendo a tu alrededor. Tan sólo treinta días de saturarte de gratitud cambiarán tu vida más allá de toda comprensión. Cuando vives e irradias gratitud, estás encendiendo el interruptor del Universo y éste te traerá todo el bien correspondiente a la intensidad de tu gratitud. ¡Muestra lo que tienes, Universo! ¡Gracias ! ¡Gracias! ¡Gracias!

ENSEÑANZAS DIARIAS

Día 218

Tus acciones son tus poderosos pensamientos, de modo que si no te tratas a ti mismo con amor y respeto, estarás emitiendo una señal que dice que no eres lo suficientemente importante, valioso o merecedor. Esa señal continuará siendo enviada y padecerás más situaciones en donde la gente no te trata bien. La gente es sólo el efecto. Tus pensamientos son la causa. Debes empezar a tratarte con amor y respeto, emitir esa señal, y entrar en esa frecuencia. Entonces la ley de la atracción moverá el Universo entero, y tu vida estará llena de gente que te ama y respeta.

ENSEÑANZAS DIARIAS
Día 219

Ahora ya debes entender por qué una persona que dice, "Siempre consigo lugares para estacionar", los consigue. O por qué una persona que dice, "Soy realmente afortunado, gano cosas todo el tiempo", gana una cosa tras otra permanentemente. Estas personas *cuentan con ello.* Comienza a esperar grandes cosas y, cuando lo hagas, estarás creando tu vida por adelantado.

ENSEÑANZAS DIARIAS

Día 220

En el pasado, si yo abría los sobres de las cuentas que llegaban, sin convencerme previamente de que eran cheques, mi estómago se revolvía. Sabía que esta emoción de mi estómago revuelto estaba atrayendo poderosamente más cuentas a pagar. Sabía que tenía que deshacerme de ese sentimiento y reemplazarlo por otros llenos de alegría, para así poder atraer más dinero a mi vida. Así es como, frente a una pila de cuentas a pagar, empecé a convencerme de que eran cheques. El juego funcionó para mí, y cambió mi vida. Hay muchos juegos que puedes inventar, y reconocerás cuál es el mejor por la forma en que te sientes por dentro. ¡Cuando haces de cuenta que algo ocurre, los resultados llegan rápidamente!

ENSEÑANZAS DIARIAS

Día 221

La ley de la atracción es una ley de la naturaleza. Es tan imparcial como la ley de la gravedad.

ENSEÑANZAS DIARIAS

Día 222

Si creemos que faltan los recursos en nuestro planeta, entonces ésa es la realidad que crearemos en nuestra experiencia de vida. Ver escasez de cualquier tipo en el mundo es no entender la verdad universal de que nosotros mismos creamos nuestra realidad, que todo lo que vemos es un efecto, y que la causa se halla dentro nuestro. Para experimentar una realidad diferente en relación a los recursos, todo lo que tenemos que hacer es reconocer que todas las cosas abundan, y que el mundo de la abundancia se nos revelará en nuestra experiencia de vida.

ENSEÑANZAS DIARIAS

Día 223

"Todos poseemos más poder y mejores posibilidades de lo que nos percatamos y, de esos poderes, la visualización es uno de los más extraordinarios".

GENEVIEVE BEHREND (ca. 1881-ca. 1960)

ENSEÑANZAS DIARIAS

Día 224

A menos que te encargues de llenarte a ti mismo en primer lugar, no tendrás nada que darle a nadie. Por lo tanto resulta imperativo que te ocupes primero de Ti mismo. Ocúpate de tu alegría primero. Cada persona es responsable de su propia alegría. Cuando te ocupas de tu alegría y haces aquello que te gratifica, es una alegría estar a tu alrededor y te conviertes en un ejemplo resplandeciente para cada niño y para cada persona en tu vida. Cuando sientes alegría ni siquiera tienes que detenerte a pensar acerca de dar. Desborda naturalmente.

ENSEÑANZAS DIARIAS

Día 225

Cuando *necesitas* dinero, estás teniendo un poderoso sentimiento dentro de ti y, por supuesto, continuarás atrayendo el *necesitar* dinero por la ley de la atracción.

ENSEÑANZAS DIARIAS

Día 226

Cuando *sientes* que ya tienes lo que deseas, y el sentimiento es tan real como si lo tuvieras realmente, estás creyendo que ya has recibido, y por eso recibirás.

ENSEÑANZAS DIARIAS

Día 227

Los pensamientos son magnéticos y tienen una frecuencia. Cuando generas pensamientos, éstos son enviados hacia el Universo, y atraen magnéticamente todas las cosas similares que se encuentran en la misma frecuencia. Todo lo que envías retorna a su fuente: Tú.

ENSEÑANZAS DIARIAS

Día 228

Agradecer lo que quieres por adelantado
alimenta tus deseos con una carga vigorosa
y envía una señal más poderosa hacia el
Universo.

ENSEÑANZAS DIARIAS

Día 229

Sin importar lo que hayas manifestado en tu cuerpo, puedes cambiarlo —por dentro y por fuera. Empieza a generar pensamientos felices y a *ser* feliz. La felicidad es un estado en el que tu ser *siente*. Tu dedo está apoyado en el botón de "sentirte feliz". Ahora apriétalo y mantén tu dedo apretado firmemente, sin importar lo que se haya manifestado.

ENSEÑANZAS DIARIAS

Día 230

"Tomar conciencia de este poder es transformarse en un 'cable conductor'. El Universo es el cable conductor. Lleva suficiente poder para cubrir todas las situaciones en la vida de cada individuo. Cuando la mente individual entra en contacto con la Mente Universal, recibe todo su poder".

CHARLES HAANEL (1866 – 1949)

ENSEÑANZAS DIARIAS

Día 231

Si has tenido pensamientos tales como: "Tengo que trabajar realmente duro y luchar para tener dinero", apártalos inmediatamente. Al generar esos pensamientos has emitido esa frecuencia, y se han convertido en las imágenes de tu experiencia de vida. Sigue el consejo de Loral Langemeier, y reemplaza esos pensamientos con: "El dinero llega fácilmente y con frecuencia".

ENSEÑANZAS DIARIAS

Día 232

Empieza a usar a tu favor las dos palabras más poderosas, SOY y ESTOY. Qué te parece si dices: "ESTOY recibiendo todo lo bueno. ESTOY en la abundancia. SOY saludable. SOY todo amor. SOY feliz. SOY siempre puntual. SOY eternamente joven. ESTOY lleno de energía cada día".

ENSEÑANZAS DIARIAS
Día 233

Despréndete de las dificultades de tu pasado, tus códigos culturales y tus creencias sociales. Únicamente tú puedes crear la vida que te mereces.

ENSEÑANZAS DIARIAS

Día 234

¿Qué has hecho en tu vida que realmente haya ayudado a la vida de otros alrededor del mundo? Para la mayoría de la gente la respuesta es muy poco o nada, a pesar de haber agonizado por las condiciones difíciles de otras personas. La razón por la que te estoy presentando esta pregunta es para ayudarte a ver que los sentimientos de agonía no han ayudado a esas personas, nunca lo harán y, según la ley de la atracción, no te están ayudando a ti tampoco. De hecho, cualquier sentimiento negativo acerca de otros está agregando una cantidad de energía muy poderosa a sus dificultades y, por lo tanto, está creando exactamente lo opuesto de lo que quieres. Aparta tu atención de sus dificultades, y enfoca tus pensamientos y sentimientos en lo que quieres para ellos.

ENSEÑANZAS DIARIAS

Día 235

Nada puede llegar a tu vida a menos que lo
ordenes con pensamientos persistentes.

El momento en que pides, *crees* y *sabes* que ya tienes lo que deseas en el plano no visible, el Universo entero se pone en movimiento para traerlo al plano visible. Debes actuar, hablar, y pensar como si estuvieses recibiendo *ahora*. ¿Por qué? Porque el Universo es un espejo, y la ley de la atracción está reflejando tus pensamientos dominantes.

ENSEÑANZAS DIARIAS

Día 237

"Las vibraciones de las fuerzas mentales son las más refinadas y, en consecuencia, las más poderosas que existen".

CHARLES HAANEL (1866 – 1949)

ENSEÑANZAS DIARIAS

Día 238

Haz una lista de varias *Llaves Secretas* para
tener debajo de la manga. Con *Llaves Secretas*
quiero decir cosas que pueden cambiar tus
sentimientos en un abrir y cerrar de ojos.
Pueden ser recuerdos hermosos, eventos
futuros, momentos graciosos, la naturaleza,
una persona que amas, tu música favorita. De
ese modo, si te encuentras enojado, frustrado
o sintiéndote mal, puedes recurrir a tu lista
de *Llaves Secretas* y concentrarte en una de
ellas. Distintas cosas te afectarán en distintos
momentos, así que si una cosa no te funciona,
recurre a otra. Sólo toma un momento mover
el foco para cambiarte a ti mismo y cambiar tu
frecuencia.

ENSEÑANZAS DIARIAS
Día 239

Si te quejas, la ley de la atracción atraerá poderosamente más situaciones para que te quejes a tu vida. Si estás escuchando las quejas de alguien más y concentrándote en ellas, condoliéndote, dándoles la razón, en ese momento estás atrayendo más situaciones de queja ¡hacia ti mismo!

ENSEÑANZAS DIARIAS

Día 240

Si estás apurándote y afanándote, date
cuenta de que esos pensamientos se basan
en el miedo (miedo de llegar tarde), y que
estás "preparando" las cosas negativas que
vendrán más tarde. Cuando te apresuras,
atraes una cosa negativa tras otra a tu camino.
Como si eso fuera poco, la ley de la atracción
está "preparando" *más* eventos futuros que
provocarán que te apures y te afanes. Tómate
un momento y cambia, si no quieres atraer
cosas negativas.

ENSEÑANZAS DIARIAS

Día 241

¡Alaba y bendice todo lo que hay en tu vida!
Cuando estás alabando o bendiciendo, te
encuentras en la mayor frecuencia del amor.
En la Biblia, los Hebreos usaron el acto de
bendecir para traer salud, riqueza, y felicidad.
Ellos conocían el poder de la bendición.

ENSEÑANZAS DIARIAS

Día 242

El Universo quiere darte muchas cosas, si tú tan solo lo dejas entrar. Para dejarlo entrar, disminuye la velocidad. Para dejarlo entrar, relájate. Para dejarlo entrar, no te des más cuerda. Para dejarlo entrar, cálmate. Para dejarlo entrar, déjate llevar. Ahora estás dejándolo entrar.

ENSEÑANZAS DIARIAS

Día 243

Concibe pensamientos de perfección. La
enfermedad no puede existir en un cuerpo
con pensamientos armónicos. Entiende que
hay sólo perfección y que, si rindes culto a
la perfección, la estarás convocando hacia ti.
Los pensamientos imperfectos son la causa
de los males de la humanidad, incluyendo
la enfermedad, la pobreza, y la infelicidad.
Cuando concebimos pensamientos negativos,
estamos rompiendo con nuestro justo legado.
Declara y propone, "Concibo pensamientos
perfectos. Sólo veo perfección. Soy la
perfección misma."

ENSEÑANZAS DIARIAS

Día 244

"*No hay límite para lo que esta ley puede hacer por ti; atrévete a creer en tu propio ideal; piensa en lo ideal como si fuese un hecho cumplido*".

CHARLES HAANEL (1866 – 1949)

ENSEÑANZAS DIARIAS

Día 245

Si tienes problemas visualizando lo que deseas, simplemente siéntelo. El sentimiento es igualmente poderoso. Tanto si lo sientes como si lo concibes en imágenes, en ambos casos estás creando. Sabrás cuál te funciona mejor a juzgar por cómo te sientes. Sentirse bien es la llave de la creación.

ENSEÑANZAS DIARIAS

Día 246

Acción es una palabra que implica "trabajo" para alguna gente, pero la acción inspirada no se siente como trabajo en lo más mínimo. La diferencia entre la acción y la acción inspirada es la siguiente: acción inspirada es cuando actúas para recibir. Si estás actuando para intentar que algo suceda, has dado un paso hacia atrás. La acción inspirada no requiere ningún esfuerzo, y te hace sentir maravillosamente bien porque estás en la frecuencia del recibimiento.

ENSEÑANZAS DIARIAS

Día 247

¡El mensaje más importante de *El Secreto* es que reconozcas que Tú eres el creador de tu vida y que eres el experto en Ti! El mensaje de *El Secreto* es fortalecerte con la comprensión de cuán extraordinario eres, y de que todo el poder para crear la vida que elijas, a través de la ley de la atracción, está dentro de Ti.

ENSEÑANZAS DIARIAS

Día 248

Cuando estás en completa armonía con el Universo, que es todo Bien, has logrado conectarte con el poder más grande que existe para respaldarte. Para armonizar con el Universo y permitir que todo lo bueno inunde tu vida, di buenas palabras, siembra buenos pensamientos y genera buenos sentimientos.

ENSEÑANZAS DIARIAS

Día 249

Tienes que tomar una decisión en este instante. ¿Quieres creer que sólo existe el azar y que algo malo te puede ocurrir en cualquier momento? ¿Quieres creer que puedes estar en el lugar equivocado en el momento equivocado? ¿Que no controlas las circunstancias? ¿O prefieres creer y *saber* que las experiencias de tu vida están en tus manos y que solamente todo lo que es *bueno* puede llegar a tu vida porque ésa es la manera en que piensas? Tienes que tomar una decisión y aquello que elijas pensar se *convertirá* en tu experiencia de vida.

ENSEÑANZAS DIARIAS

Día 250

Gracias a la ciencia ahora sabemos con
seguridad que la energía nunca puede
ser creada o destruida, y que sólo puede
cambiar de forma. No podemos ser creados
ni destruidos —sólo cambiamos de forma.
Muchos seres humanos están aterrados de
la muerte, pero somos vida eterna. Somos
energía.

ENSEÑANZAS DIARIAS
Día 251

"*Noventa y nueve por ciento de lo que eres es invisible e intocable*".

R. BUCKMINSTER FULLER (1895 – 1983)

Enfócate en tu corazón y siente el amor en tu corazón. El Poder Supremo del Universo es todo amor, y tu acceso directo a todo el amor que te está siendo ofrecido es a través de tu corazón.

ENSEÑANZAS DIARIAS

Día 253

Puedes llenar la pizarra de tu vida con lo que
quieras. Si la has llenado con reminiscencias
del pasado, pásale un trapo. Borra todo lo que
no te sirva del pasado, y dale las gracias por
haberte conducido adonde estás ahora y a un
nuevo comienzo. Tienes una pizarra limpia,
y puedes empezar de nuevo —aquí mismo,
ahora mismo. ¡Encuentra tu felicidad y vívela!

ENSEÑANZAS DIARIAS

Día 254

Que tu corazón continúe susurrándote, recordándote y asegurándote que todo es amor, y que todo está muy, muy bien.

ENSEÑANZAS DIARIAS

Día 255

Ahora mismo estás recibiendo el conocimiento
que te permitirá crear la versión más
espléndida de Ti. La posibilidad de esa versión
de ti ya existe en la frecuencia de "la versión
más espléndida de Ti". Decide lo que quieres
ser, hacer y tener, emite esa frecuencia, y tu
visión se convertirá en tu vida.

ENSEÑANZAS DIARIAS

Día 256

Si se plantea una situación que afecta tu alegría, repítete: "De esta situación vendrán sólo cosas buenas". Y así será. Aprende con cada experiencia. Verás que, luego de pasar por una situación de desafío, tu nivel de alegría será más alto que nunca. ¿No es eso algo bueno?

Cuando un pensamiento negativo extraviado te alcance, pasa a sentir el amor que hay en tu corazón. Mantén ese sentimiento en tu corazón hasta que sientas que te desborda. Cualquier pensamiento negativo desaparecerá. Si logras practicar esto regularmente, en un tiempo muy breve te encontrarás viviendo la vida que deseas, en todas las áreas. A medida que magnetices el amor en tu corazón, tu vida entera cambiará.

ENSEÑANZAS DIARIAS

Día 258

"La verdad absoluta es que el 'Yo' es completo y perfecto; el 'Yo' verdadero es espiritual y, por lo tanto, nunca puede ser menos que perfecto; nunca puede padecer ninguna falta, limitación o enfermedad".

CHARLES HAANEL (1866 – 1949)

ENSEÑANZAS DIARIAS

Día 259

Cómo ocurrirá o *cómo* hará el Universo para traerte lo que quieres, no es un tema ni un trabajo que te concierna. Permítele al Universo hacerlo por ti. Cuando intentas descifrar *cómo* ocurrirá, estás emitiendo una frecuencia que contiene falta de fe —que indica que no crees que ya lo tienes. Piensas que eres *tú* quien tiene que hacerlo y no crees que el Universo lo hará *por* ti. El *cómo* no es tu parte en el Proceso Creativo.

ENSEÑANZAS DIARIAS
Día 260

Tus pensamientos, sentimientos y creencias están forjando la película de tu vida. Son fuerzas invisibles que existen dentro de ti y, combinadas, están creando la película de tu vida, que está siendo proyectada en el mundo exterior bajo la forma de experiencias vitales. Tus pensamientos, sentimientos y creencias se encuentran bajo tu dirección, y puedes hacer los cambios que quieras. Cuando los hagas, verás cambiar inmediatamente la película de tu vida.

ENSEÑANZAS DIARIAS

Día 261

Pensar que no alcanza es mirar tan solo las imágenes exteriores y creer que todo proviene del exterior. Cuando hagas esto, lo más seguro es que veas escasez y limitación. Ahora sabes que nada cobra vida en el exterior, que en primer lugar todo proviene de ser pensado y sentido en el interior. Tu mente es el poder creador de todas las cosas.

ENSEÑANZAS DIARIAS

Día 262

La forma más sencilla de transformar cada aspecto de tu vida exterior es dedicándote a sentir más y más gratitud cada día en tu interior. Cada vez que pienses en ello, siente la gratitud profundamente en tu ser. Intensifica los sentimientos con el amor que hay en tu corazón y, por medio de la ley de la atracción, tu vida reflejará la belleza que has cultivado en tu interior.

ENSEÑANZAS DIARIAS

Día 263

Cuando reconozcas que todo proviene del Universo y que el Universo, por medio de la ley de la atracción, es el abastecedor infinito de todo, empezarás a vigilar cuidadosamente tus pensamientos cuando se refieran al dinero. Tus pensamientos acerca del dinero están atrayéndolo hacia ti o alejándolo de ti. Éste es El Secreto de toda riqueza en el mundo y es la única causa de toda escasez en el mundo.

ENSEÑANZAS DIARIAS

Día 264

El gran científico Albert Einstein revolucionó la manera en la que vemos el tiempo, el espacio y la gravedad. Juzgando por sus pobres orígenes y comienzos, hubieses pensado que era imposible que alcanzara todos esos logros. Einstein sabía mucho acerca del Secreto, y decía "Gracias" cientos de veces al día. Agradecía a los grandes científicos que lo precedieron por sus contribuciones, que le permitieron aprender, conseguir más logros en su trabajo y, eventualmente, convertirse en uno de los más grandes científicos que hayan existido.

"Piensa con sinceridad, y tus pensamientos calmarán la hambruna del mundo".

HORATIO BONAR (1808 – 1889)

ENSEÑANZAS DIARIAS

Día 266

No puedes usar la ley para imponerle
tu voluntad a alguien. La imposición de
tu voluntad atraerá lo mismo, y podrá
manifestarse en la atracción de situaciones
negativas o eventos en los cuales te verás
impotente. Imponer tu voluntad significa
prohibirle a otra persona la libertad de ser
como es.

ENSEÑANZAS DIARIAS

Día 267

Tengo la certeza de que si logramos saborear
nuestra comida en el presente, enfocándonos
enteramente en la experiencia placentera de
comer, la comida será asimilada perfectamente
por nuestros cuerpos, y el resultado en
nuestros cuerpos *tendrá* que ser perfecto.

ENSEÑANZAS DIARIAS

Día 268

El camino más corto para que tus deseos se manifiesten es visualizar lo que deseas como un hecho.

Para atraer dinero, enfócate en la riqueza. Es imposible atraer más dinero a tu vida cuando te enfocas en su falta.

ENSEÑANZAS DIARIAS

Día 270

En lugar de enfocarte en los problemas
del mundo, dale tu atención y energía a la
confianza, el amor, la abundancia, la educación
y la paz.

ENSEÑANZAS DIARIAS

Día 271

"Todo está resuelto en lo invisible antes de manifestarse en lo visible; en el plano ideal antes de cristalizarse en el real; en lo espiritual antes de mostrarse en lo material. El reino de lo invisible es el reino de la causa. El reino de lo visible es el reino del efecto" (Ralph Waldo Trine, 1897). Lo que está oculto o invisible no puede ser detectado por nuestros sentidos, pero eso no quiere decir que no exista. Lo oculto o invisible es de donde proviene toda creación. Tus pensamientos son invisibles. Tus sentimientos son invisibles. Tus creencias son invisibles. Para comprender la forma en la que toda creación proviene de lo invisible, observa cualquier cosa creada por un ser humano y encontrarás, sin excepción, que se originó en lo invisible – con un pensamiento. Los pensamientos son la causa y nuestro mundo material es el efecto.

ENSEÑANZAS DIARIAS

Día 272

"El pensamiento predominante o actitud mental es el imán, y la ley es que lo similar atrae a lo similar. Por lo tanto, la actitud mental invariablemente atraerá condiciones similares a su naturaleza".

CHARLES HAANEL (1866 – 1949)

ENSEÑANZAS DIARIAS

Día 273

Lo más importante que debes saber es que es imposible sentirse mal y a la vez generar buenos pensamientos. Eso sería desafiar la ley, porque tus pensamientos son la causa de tus sentimientos. Si te sientes mal, es porque estás generando pensamientos que están *haciéndote* sentir mal.

ENSEÑANZAS DIARIAS

Día 274

No hace falta que borres los pensamientos negativos que hayas tenido. Todo lo que tienes que hacer es sentirte bien y generar buenos pensamientos ahora mismo, así estarás cambiando a una frecuencia completamente diferente donde la negatividad no existe. Sin importar lo que hayas pensado en el pasado, ya sea un minuto o diez años atrás, tienes todo el poder AHORA. AHORA mismo puedes usar tu poder y cambiar. Cuando reconoces esto, puedes enfrentar tu vida sin miedos ni remordimientos porque siempre puedes generar buenos pensamientos AHORA.

ENSEÑANZAS DIARIAS

Día 275

El diccionario define *bendición* como "la invocación de un favor divino y el otorgamiento de bienestar o prosperidad", así que empieza ya mismo a invocar el poder de la bendición, y bendice a todos y a todo. Haz lo mismo con el elogio, porque cuando elogias a alguien o algo estás dando amor, y cuando emites esa espléndida frecuencia, retorna a ti multiplicada cien veces.

¿Qué estás sintiendo en este momento? Tómate unos instantes para pensar cómo te sientes. Si no te sientes tan bien como te gustaría, concéntrate en sentir los sentimientos dentro tuyo y levántalos con determinación. Al concentrarte intensamente en tus sentimientos, con la intención de sentirte mejor, podrás levantarlos poderosamente. Una manera de hacerlo es cerrando los ojos (bloqueando las distracciones), concentrándote en los sentimientos dentro tuyo, y sonriendo por un minuto.

ENSEÑANZAS DIARIAS

Día 277

Una forma rápida de entrar en la frecuencia para recibir es decir, "Estoy recibiendo ahora. Estoy recibiendo todo lo bueno en mi vida ahora. Estoy recibiendo [llena el espacio con tu deseo] ahora". Y *siéntelo*. *Siéntelo* como si ya lo hubieses recibido.

ENSEÑANZAS DIARIAS

Día 278

Si puedes imaginar lo que quieres en tu mente,
y convertirlo en tu pensamiento dominante, lo
atraerás a tu vida.

ENSEÑANZAS DIARIAS

Día 279

La ley de la atracción no distingue si estás imaginándote algo o si es real. Cuando atraviesas un período de falta de dinero, el cual se originó en tus pensamientos pasados, puedes cambiar tu realidad utilizando tu imaginación. Realmente necesitas activar tu imaginación y hacer de cuenta que ya tienes el dinero que quieres. ¡Y resulta tan divertido hacerlo! Te darás cuenta, al pretender y jugar a hacer fortuna, que te sientes instantáneamente mejor acerca del dinero y, al sentirte mejor, comenzarás a hacerlo fluir hacia tu vida.

ENSEÑANZAS DIARIAS

Día 280

Independientemente de si has sido consciente de tus pensamientos o no en el pasado, *ahora* estás tomando consciencia. ¡En este preciso instante, con el conocimiento de El Secreto, estás despertando de un sueño profundo y tomando consciencia! Consciencia del conocimiento, consciencia de la ley, consciencia del poder que tienes a través de tus pensamientos.

ENSEÑANZAS DIARIAS

Día 281

Hay una diferencia enorme entre una acción inspirada y embarullarte con actividades intentando hacer que las cosas ocurran. Cuando te complicas con actividades porque no crees que el Universo está trabajando contigo, todo es difícil y parece una lucha. Te sientes como si estuvieses nadando contra la corriente del río y no llegaras a ninguna parte. Estás exhausto, las cosas empiezan a salir mal y parece que nada está yendo como quieres. Pero cuando trabajas conscientemente con la inteligencia del Universo, todo resulta sencillo. Todas tus necesidades de alcanzar tu visión se concretan y entras en una corriente tan espléndida que resulta indescriptible.

ENSEÑANZAS DIARIAS
Día 282

La ley de la atracción dice *lo similar atrae a lo similar*, por eso, cuando generas un pensamiento, estás también atrayendo pensamientos similares hacia ti.

ENSEÑANZAS DIARIAS

Día 283

Estás creando tu vida desde tu interior, y todo lo que estás presenciando en tu exterior ha sido creado por ti. Es posible que hayas creado algunas cosas inconscientemente, pero las has creado de todas formas. Cuando puedas hacerte responsable por todo lo que te rodea, sin culparte a ti o a otros sino entendiendo que de una manera u otra tú lo has creado, entonces, y sólo entonces, podrás sentirte libre. Reconocerás que, si tú lo has creado, también tienes el poder de cambiarlo y de crear lo que quieras.

ENSEÑANZAS DIARIAS
Día 284

Varias personas me preguntan cómo hacer
para detener los pensamientos negativos.
La respuesta es muy simple: ¡siembra *buenos*
pensamientos! A medida que siembres
cada vez más buenos pensamientos, los
pensamientos negativos serán eliminados. No
te enfoques en los pensamientos negativos,
tan solo genera deliberadamente más
pensamientos positivos cada día.

ENSEÑANZAS DIARIAS
Día 285

Todo es posible cuando crees.

ENSEÑANZAS DIARIAS
Día 286

Entonces, ¿cómo puede faltarte algo? Es imposible. Tu habilidad para pensar es ilimitada y, por lo tanto, las cosas que puedes crear con tu pensamiento son ilimitadas. Lo mismo ocurre con todo lo demás. Cuando verdaderamente lo *entiendas*, estarás pensando con una mente que es consciente de su propia naturaleza infinita.

ENSEÑANZAS DIARIAS

Día 287

Tu vida actual es un reflejo de tus pensamientos pasados. Eso incluye todas las cosas buenas y todas aquellas que no consideras tan buenas. Como atraes hacia ti aquello en lo que más piensas, resulta fácil ver cuáles han sido tus pensamientos dominantes en cada esfera de tu vida, porque coinciden con tus experiencias. ¡Hasta ahora! Ahora estás conociendo El Secreto y, con este conocimiento, puedes cambiarlo todo —¡porque puedes cambiar tus pensamientos!

Para que puedas crear la vida de tus sueños,
ha llegado el momento de amarte a Ti mismo.
Concéntrate en Tu alegría. Haz todas las cosas
que Te hacen sentir bien. Ámate, por dentro y
por fuera. Todo cambiará en tu vida cuando Tu
interior sea todo amor. Permítele al Universo
darte todas las cosas buenas que te mereces
transformándote en un imán para todas ellas.
Para ser un imán de cada una de las cosas que
mereces, debes transformarte en un imán de
amor.

ENSEÑANZAS DIARIAS

Día 289

A la mañana, cuando el primer pie toca el piso, digo, "Gra-", y "-cias" cuando el segundo pie lo toca. Caminando hacia el baño digo, "Gracias". Digo y siento, "Gracias", mientras me ducho y me preparo. Para cuando he terminado de prepararme para el día, he dicho "Gracias" cientos de veces. Estoy creando poderosamente mi día y lo que en él acontecerá. Estoy estableciendo mi frecuencia del día y declarando intencionalmente la forma en que quiero que el día se desarrolle. No hay manera más poderosa de empezar tu día. Tú eres el creador de tu vida, ¡así que empieza por crear intencionalmente tu día!

ENSEÑANZAS DIARIAS

Día 290

Toma la resolución de observar todo lo que te gusta y decirte, "Puedo pagarlo. Puedo comprarlo". Empezarás a cambiar tu pensamiento y a sentirte mejor acerca del dinero.

ENSEÑANZAS DIARIAS

Día 291

La historia verídica del equipo de una empresa petrolera en Belice es un ejemplo inspirador del poder de la mente humana para generar recursos. Los directores de la compañía Belize Natural Energy Limited fueron capacitados por el Dr. Tony Quinn, especialista en entrenamiento de Fisiología Humanista. Con el entrenamiento en poder mental del Dr. Quinn, los directivos se convencieron de que su imagen mental de Belice como un exitoso país productor de petróleo se materializaría. Buscaron petróleo en la ciudad de Spanish Lookout y en tan solo un año su sueño y su visión se hicieron realidad. Descubrieron petróleo de la más alta calidad, y en cantidades enormes, allí donde otras cincuenta compañías habían fracasado en encontrarlo. Belice se ha convertido en un país productor de petróleo porque un equipo extraordinario de personas creyó en el poder ilimitado de sus mentes.

ENSEÑANZAS DIARIAS

Día 292

Muchos elementos entran en juego cuando visualizas. En el momento en que tienes la imagen en tu mente y la sientes, estás entrando en la zona de creer que ya lo tienes. También estás poniendo en práctica tu confianza y fe en el Universo, porque estás enfocándote en el resultado final y experimentando cómo se siente, sin prestarle ningún tipo de atención a "cómo" va a ocurrir. En tu imagen mental aparece como un hecho. Tus sentimientos lo perciben como un hecho. Tu mente y todo tu ser lo ven como algo que *ya ha ocurrido*. Ése es el arte de la visualización.

ENSEÑANZAS DIARIAS

Día 293

Puedes afirmar y proclamar, "Éste es un magnífico Universo. El Universo me trae todo lo bueno. El Universo confabula conmigo en todos las aspectos. El Universo me apoya en todo lo que hago. El Universo atiende todas mis necesidades inmediatamente". ¡*Comprende* que éste es un Universo amistoso!

ENSEÑANZAS DIARIAS

Día 294

Para ser una persona más atenta, le pedí al Universo que me dé un codazo *gentil* para traerme de vuelta al presente cada vez que mi mente tome el control y esté "de fiesta a expensas mías". Ese codazo gentil ocurre cuando tropiezo o tiro algo, o cuando un ruido fuerte, una sirena o una alarma empiezan a sonar. Todas éstas son señales de que mi mente ha despegado y que tengo que volver al presente. Cuando recibo estas señales me detengo instantáneamente y me pregunto, "¿En qué estoy pensando?¿Qué estoy sintiendo?¿Estoy alerta?" Y, naturalmente, en cuanto lo hago, estoy alerta. Ni bien te preguntas si estás alerta, ya estás ahí. Estás alerta.

ENSEÑANZAS DIARIAS

Día 295

"Enfocarnos en la salud perfecta" es algo que todos podemos hacer en nuestro interior, sin importar lo que esté ocurriendo a nuestro alrededor.

ENSEÑANZAS DIARIAS

Día 296

Crea tu día por anticipado pensando cómo
quieres que sea y estarás creando tu vida
intencionalmente.

Cuando quieras manifestar una multiplicidad
de cosas, puede que al principio sea mejor
que te enfoques en una sola por vez para que
puedas concentrar toda tu energía en ella.
Habiendo dicho esto, puedes hacer una lista de
todas las cosas que quieres y dedicar un día a
concentrarte en cada una de ellas, concibiendo
sentimientos como si ya las hubieras recibido.
Puede ocurrir que aquello de tu lista que
consideras más fácil o pequeño llegue primero,
dado que sientes menor resistencia hacia ello.
Lo que nosotros vemos como algo "grande"
no es "grande" para el Universo. No existe
"grande" o "pequeño" para el Universo. Todo
lo que hace falta es un correcto uso de la ley
de la atracción, y el Universo responderá
inmediatamente.

ENSEÑANZAS DIARIAS

Día 298

La expectativa es una poderosa fuerza de atracción. Espera las cosas que quieres y no esperes las que no quieres.

ENSEÑANZAS DIARIAS

Día 299

No hay nada que no pueda ser manifestado por el Universo. Si sientes que lo que estás pidiendo es demasiado "grande" para el Universo, sal a caminar, mira a tu alrededor y piensa en nuestro planeta: los océanos, las llanuras, los bosques, las junglas, los animales, los árboles y cada fragmento de vegetación en el mundo. Mira al cielo y piensa en nuestro sistema solar, la Vía Láctea, y todos los millones de galaxias que contienen billones de estrellas y continúan interminablemente. La infinita inteligencia del Universo lo ha creado todo. Entonces piensa de nuevo en lo que quieres... ¿qué tan "grande" te parece ahora?

ENSEÑANZAS DIARIAS

Día 300

DOMINGO

Los países del mundo que están agitados son simplemente un reflejo de la masiva agitación interna de sus habitantes. Si la mayoría de la gente de cualquier nación cambiara su ser interior para enfocarse conscientemente en la alegría y la armonía en lugar de la agitación y la pelea, la ley de la atracción movería líderes y gobiernos, y la armonía sería restaurada en ese país.

ENSEÑANZAS DIARIAS

Día 301

Para entender en qué estás pensando,
pregúntate cómo te estás *sintiendo*. Las
emociones son herramientas valiosas que
nos dicen instantáneamente en qué estamos
pensando.

Decide lo que quieres ser, hacer y tener, genera esos pensamientos, emite la frecuencia, y tu visión se transformará en tu vida.

ENSEÑANZAS DIARIAS

Día 303

Cuando descubrí El Secreto, todo en mi vida, incluyendo el estado de mi empresa, se transformó completamente porque cambié mi manera de pensar. Mientras mis contadores seguían alarmándose por las cifras y enfocándose en ellas, yo mantuve mi mente concentrada en la abundancia y el bienestar. *Sabía*, con cada fibra de mi ser, que el Universo proveería, y así lo hizo. Proveyó en formas que no podría haberme imaginado. Tuve mis momentos de duda, pero cuando la duda aparecía inmediatamente cambiaba mis pensamientos hacia el resultado final de aquello que deseaba. ¡Expresé mi gratitud por el resultado, sentí alegría, y *creí*!

ENSEÑANZAS DIARIAS

Día 304

No importa quién eres o dónde estás, El
Secreto puede darte cualquier cosa que desees.

ENSEÑANZAS DIARIAS

Día 305

Si miras a nuestro planeta y a las criaturas que lo habitan como si necesitaran ser salvadas, estarás causando exactamente lo opuesto a lo que quieres. La perspectiva de que nuestro planeta necesita ser salvado atraerá un mundo que necesita ser salvado. Múdate al terreno de la valoración —valora la maravilla, la belleza, la armonía y la alegría que abundan en nuestro planeta. Recibe a cada ser vivo con los brazos abiertos. Déjate llenar de estupor ante la magnificencia de la naturaleza que te rodea cada día. Si buscas la armonía y la paz en este planeta, estarás sumando poderosamente tu energía al amor, bienestar y alegría que están siempre presentes en el planeta Tierra, y a la vez podrás contemplar un nuevo mundo desplegándose ante tus ojos.

ENSEÑANZAS DIARIAS

Día 306

Cuando sientes buenos sentimientos, se
trata de una respuesta que te envía el
Universo diciendo, "Estás generando buenos
pensamientos". De la misma manera, cuando
te estás sintiendo mal, estás recibiendo una
respuesta del Universo que dice, "Estás
generando malos pensamientos". Por lo
tanto, cuando te sientes mal, se trata de una
comunicación del Universo, que en efecto dice,
"¡Alerta! Cambia los pensamientos ahora.
Se está registrando una frecuencia negativa.
Cambia de frecuencia. Cuenta regresiva hacia
la manifestación. ¡Alerta!"

ENSEÑANZAS DIARIAS

Día 307

Para dominarte a ti mismo —para dominar tus pensamientos— no es necesario que controles tus pensamientos. Si intentas controlar tus pensamientos estarás atrayendo el tener que controlar tus pensamientos. Si los pensamientos negativos te llegan, no los resistas. Déjalos ser, y utiliza el poder de tu voluntad para cambiar de foco hacia pensamientos de valoración y gratitud. Preocuparte por tus pensamientos negativos, o procurar controlarlos, tan solo atraerá más de ellos hacia ti. Si no los resistes, irán disminuyendo y, si te ríes de ellos y los tomas a la ligera, desaparecerán por completo.

ENSEÑANZAS DIARIAS

Día 308

No escuches los mensajes de la sociedad acerca de las enfermedades y el envejecimiento. Los mensajes negativos no te sirven.

ENSEÑANZAS DIARIAS

Día 309

Nada puede dañarte a menos que tú mismo
traigas al daño a tu existencia al emitir
pensamientos y sentimientos negativos. Has
sido dotado de libre albedrío para elegir, pero
cuando concibes pensamientos negativos y
tienes sentimientos negativos, estás separándote
del Bien Único y Total. Piensa en todas las
emociones negativas que existen y descubrirás
que cada una de ellas está basada en el miedo.
Provienen de los pensamientos de separación y
de verte a ti mismo separado de otro.

ENSEÑANZAS DIARIAS

Día 310

Somos uno. Estamos todos conectados y
formamos parte del Campo de Energía Único,
o Mente Suprema, o Consciencia Única,
o Única Fuente Creativa. Llámala como
quieras, pero somos Uno. Cuando concibes
pensamientos negativos acerca de otro estás
separándote del Uno, y tus pensamientos
negativos volverán para dañarte solamente
a Ti. Has sido dotado de libre albedrío para
elegir, pero cuando generas pensamientos
negativos y tienes sentimientos negativos,
estás separándote del Bien Único y Total.

ENSEÑANZAS DIARIAS

Día 311

A veces ni siquiera te darás cuenta de haber usado la "acción" hasta después de que haber recibido, sencillamente porque actuar te hizo sentir bien. Entonces mirarás hacia el pasado y verás el maravilloso entramado con el que el Universo te llevó hasta lo que querías, y a la vez atrajo lo que querías hasta ti.

ENSEÑANZAS DIARIAS

Día 312

¿Cómo llegas hasta el punto de creer en algo? Comienza por hacer de cuenta que crees en ello. Sé como un niño, y juega a creer. Actúa como si ya tuvieses lo que deseas. Al hacerlo, empezarás a *creer* que lo has recibido. El Genio está respondiendo a tus pensamientos predominantes todo el tiempo, no sólo en el momento en que pides algo. Por eso es que, luego de que hayas pedido, debes continuar *creyendo* y *confiando*. Ten fe. Tu creencia en tenerlo, esa fe inextinguible, es tu poder principal. Cuando crees que estás recibiendo, prepárate, ¡y mira cómo comienza la magia!

ENSEÑANZAS DIARIAS

Día 313

Tus sentimientos te dicen muy rápidamente
lo que estás pensando. Piensa acerca del
instante en que tus sentimientos decayeron
bruscamente —quizá sea cuando oíste alguna
mala noticia. El sentimiento en tu estómago
o plexo solar fue instantáneo. Por eso tus
sentimientos son una señal inmediata de lo que
estás pensando. Tienes que tomar *consciencia*
de cómo te sientes, y entrar en contacto con tus
sentimientos, porque es la manera más rápida
de que comprendas en qué estás pensando.

Tu salud está en tus manos. No puedes
"pescarte" nada a menos que tú mismo
creas que puedes, y pensar que puedes es
invitar a la enfermedad con tu pensamiento.
También estarás invitándola si escuchas
a la gente quejarse de sus enfermedades.
Cuando les prestas atención, estás entregando
todo tu pensamiento y concentración a la
enfermedad, y cuando le entregas todo tu
pensamiento a algo, lo estás reclamando
para ti. Y, por cierto, no estás sirviéndole de
ayuda a nadie. Le estás sumando energía a su
enfermedad. Si realmente quieres ayudar a esa
persona, cambia la conversación hacia temas
agradables, si puedes, o sigue tu camino. Al
alejarte, concentra tus poderosos pensamientos
y sentimientos en ver a esa persona curada, y
luego piensa en otra cosa.

ENSEÑANZAS DIARIAS

Día 315

El tiempo es tan solo una ilusión. Nos lo
dijo Einstein. Si ésta es la primera vez que lo
oyes, puede que te resulte un concepto difícil
de entender, ya que ves que todas las cosas
ocurren una detrás de la otra. Lo que la física
cuántica y Einstein nos dicen es que todo
está ocurriendo simultáneamente. Si puedes
comprender que el tiempo no existe, y aceptar
ese concepto, entonces verás que cualquier
cosa que desees en el futuro ya existe. Si todo
ocurre al mismo tiempo, entonces la versión
paralela en la que ya tienes aquello que deseas,
ya existe.

ENSEÑANZAS DIARIAS

Día 316

La definición del peso perfecto es el peso que te hace *sentir* bien. No cuenta la opinión de nadie más. Se trata del peso que te hace *sentir* bien a ti.

Tienes que creer que ya has recibido. Tienes que saber que aquello que quieres ya te pertenece desde el momento en que lo pides. Debes tener una fe completa y absoluta. Si hubieses hecho un pedido a partir de un catálogo, te relajarías, sabrías que vas a recibir lo que ordenaste y continuarías con tu vida.

ENSEÑANZAS DIARIAS

Día 318

Es realmente importante que comprendas lo poderosos que son tus sentimientos. Los pensamientos sostenidos son poderosos, pero los pensamientos acompañados de sentimientos poseen un poder invencible.

No puedes ayudar al mundo si te concentras
en las cosas negativas. Al enfocarte en los
eventos negativos del mundo, no sólo estás
añadiendo más cosas negativas, sino también
atrayéndolas a tu vida.

ENSEÑANZAS DIARIAS

Día 320

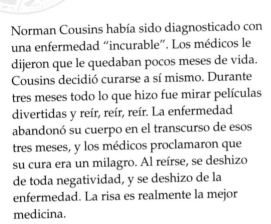

Norman Cousins había sido diagnosticado con una enfermedad "incurable". Los médicos le dijeron que le quedaban pocos meses de vida. Cousins decidió curarse a sí mismo. Durante tres meses todo lo que hizo fue mirar películas divertidas y reír, reír, reír. La enfermedad abandonó su cuerpo en el transcurso de esos tres meses, y los médicos proclamaron que su cura era un milagro. Al reírse, se deshizo de toda negatividad, y se deshizo de la enfermedad. La risa es realmente la mejor medicina.

ENSEÑANZAS DIARIAS

Día 321

Trátate a ti mismo con amor y respeto, y atraerás gente que te demostrará amor y respeto.

ENSEÑANZAS DIARIAS

Día 322

Una de las personas del foro de la página web de *El Secreto* puso una imagen del DVD de *El Secreto* en su Pizarra de la Visión. Había visto *El Secreto* pero no tenía una copia. Dos días después de que él creara su Pizarra de la Visión, sentí la inspiración de publicar un anuncio en el foro diciendo que regalaría DVDs a las primeras diez personas que escribieran algo. Él fue una de esas diez personas. Recibió una copia del DVD de *El Secreto* a los dos días de haberlo puesto en su pizarra. Tanto si es un DVD de *El Secreto* como una casa, ¡el gozo de crear y recibir es extraordinario!

ENSEÑANZAS DIARIAS

Día 323

Define el peso que quieres tener. Ten una imagen en mente de cómo lucirás cuando alcances tu peso perfecto. Busca fotos en las que estás con tu peso perfecto, si es que las tienes, y míralas seguido. Si no, consigue fotos del cuerpo que te gustaría tener, y míralas seguido.

ENSEÑANZAS DIARIAS

Día 324

Si tienes "necesidad de dinero" en tu vibración, seguirás atrayendo "necesidad de dinero". Debes encontrar la forma de ser feliz AHORA, sentirte bien AHORA y estar alegre AHORA, sin el dinero. Una vez que te sientas bien AHORA, incluso si no tienes el dinero, éste llegará hasta ti. Toma la decisión de hacer todo lo que puedas por ser feliz en cada momento. Te sorprenderás de cómo el Universo inundará tu vida con cosas que continuarán haciéndote feliz —incluso dinero.

ENSEÑANZAS DIARIAS

Día 325

La próxima vez que te sientas mal o sientas cualquier emoción negativa, escucha la señal que estás recibiendo del Universo. En ese momento estás *previniendo* que tu propio bien llegue hasta ti porque tú mismo te encuentras en una frecuencia negativa. Cambia tus pensamientos y piensa en algo bueno, y cuando los buenos sentimientos empiecen a llegar *sabrás* que se debe a que Tú te has mudado a una nueva frecuencia, y el Universo la ha confirmado con mejores sentimientos.

ENSEÑANZAS DIARIAS

Día 326

Todo tu poder para crear vida se encuentra disponible en este mismo instante, porque en este mismo instante estás pensando. Si has concebido algunos pensamientos que no te beneficiarán cuando se manifiesten, puedes cambiarlos ahora mismo. Puedes eliminar tus pensamientos previos reemplazándolos con buenos pensamientos. El tiempo está de tu lado porque puedes concebir nuevos pensamientos y emitir una nueva frecuencia *¡ahora mismo!*

La competencia es una forma de separación.
Primero, cuando concibes pensamientos de
competencia, éstos provienen de una noción
de *insuficiencia*, ya que estás diciendo que el
abastecimiento es limitado. Estás diciendo que
no hay suficiente para todos y que por lo tanto
debemos competir y luchar para conseguir
las cosas. Por la ley de la atracción, cuando
compitas estarás atrayendo mucha gente,
circunstancias y eventos que competirán en Tu
contra en todos lo aspectos de tu vida. Por tu
propio bienestar, debes eliminar la noción de
competencia de tu mente y transformarla en
una mente creativa. Concéntrate solamente en
tus sueños, *tus* visiones ¡y en ser lo mejor que
Tú puedas ser!

ENSEÑANZAS DIARIAS

Día 328

Cada vez que te observes con ojo crítico,
cambia tu enfoque inmediatamente hacia la
presencia interior, y su perfección se revelará
ante Ti. Al hacerlo, todas las imperfecciones
que se han manifestado en tu vida se
disolverán, porque las imperfecciones no
pueden existir a la luz de esta presencia.
Si quieres recuperar tu visión perfecta,
disolver enfermedades, restaurar la salud,
convertir pobreza en abundancia, revertir el
envejecimiento y la degeneración, o erradicar
cualquier tipo de negatividad, enfócate y ama
la presencia que se encuentra dentro de ti, y la
perfección se manifestará.

ENSEÑANZAS DIARIAS

Día 329

Nunca se acabarán las cosas buenas porque
hay más que suficiente para todo el mundo. La
vida es abundante por naturaleza.

ENSEÑANZAS DIARIAS

Día 330

Mis conclusiones más importantes acerca de la función de El Secreto con respecto al mundo proceden de las enseñanzas de Robert Collier, Prentice Mulford, Charles Haanel y Michael Bernard Beckwith. Al comprenderlas, logré la libertad total. Espero de todo corazón que puedas experimentar esa misma libertad. Si lo consigues, a través de tu existencia y del poder de tus pensamientos, atraerás el mayor bien a este mundo y al futuro de toda la humanidad.

ENSEÑANZAS DIARIAS

Día 331

Sentirte feliz ahora mismo es la manera más rápida de atraer dinero a tu vida.

Si tus pensamientos contienen la sensación de no tener algo todavía, continuarás atrayendo esa falta del objeto deseado. Debes creer que ya lo tienes. Debes creer que ya lo has recibido. Debes emitir la frecuencia de sentimiento de haberlo recibido, para que esas imágenes vuelvan a ti bajo la forma de experiencias de vida. Cuando lo hagas, la ley de la atracción pondrá en movimiento todas las circunstancias, la gente y los eventos para que recibas.

ENSEÑANZAS DIARIAS

Día 333

Con todo lo que he leído y todo lo que he experimentado en mi propia vida utilizando El Secreto, el poder de la gratitud se ubica por encima de todo lo demás. Si haces una sola cosa con el conocimiento de El Secreto, que sea utilizar la gratitud hasta que se convierta en tu manera de vivir.

ENSEÑANZAS DIARIAS

Día 334

No hace falta que luches para librarte de
una enfermedad. El simple proceso de
desprenderte de los pensamientos negativos le
permitirá a tu estado natural de salud emerger
de adentro tuyo. Y tu cuerpo se sanará a sí
mismo.

ENSEÑANZAS DIARIAS

Día 335

Enfócate interiormente en la alegría. Concibe pensamientos de alegría. Siente alegría. Obsérvate teniendo alegría. Al ponerte en contacto con tu alegría interior más a menudo, tu mundo entero cambiará de posición para reflejar esa alegría. El Universo moverá personas, circunstancias y eventos para traerte alegría —porque estás magnetizando alegría.

A menudo, cuando la gente oye hablar por primera vez de El Secreto, recuerda eventos históricos en los cuales gran cantidad de vidas fueron perdidas, y hallan incomprensible que tanta gente pudiera haberse involucrado deliberadamente en un evento semejante. Según la ley de la atracción, debían encontrarse en la misma frecuencia que el evento. Esto no quiere decir necesariamente que pensaron en ese preciso evento, sino que la frecuencia de sus pensamientos correspondía a la frecuencia del evento. Si las personas creen que pueden encontrarse en el lugar equivocado en el momento equivocado y no poseen ningún tipo de control sobre las circunstancias externas, entonces esos pensamientos de temor, separación e impotencia, si persisten, pueden llevarlas a encontrarse en el lugar equivocado en el momento equivocado.

ENSEÑANZAS DIARIAS

Día 337

Éste es un Universo de inclusión, no de exclusión. Nada queda excluido de la ley de la atracción. Tu vida es un espejo de los pensamientos dominantes que engendras. Todos los seres vivos de este planeta operan a través de la ley de la atracción. Lo que distingue a los humanos es que poseen mentes que pueden discernir. Pueden utilizar su libre albedrío para *elegir* sus pensamientos. Tienen el poder de pensar intencionalmente y crear sus vidas enteras con sus mentes.

ENSEÑANZAS DIARIAS

Día 338

Seamos conscientes de ello o no, estamos pensando la mayor parte del tiempo. Si estás hablando o escuchando hablar a alguien, estás pensando. Si estás leyendo el periódico o mirando televisión, estás pensando. Cuando rememoras el pasado, estás pensando. Cuando estás considerando algo futuro, estás pensando. Cuando estás conduciendo, estás pensando. Cuando te preparas por la mañana, estás pensando. ¡El pensamiento sostenido implica creación! Elige bien aquello a lo que quieras prestarle tu mente y tu atención porque al hacerlo, sin importar de qué se trate, lo estarás convocando a tu vida.

ENSEÑANZAS DIARIAS

Día 339

Alaba y bendice todo en el mundo, y así
disolverás toda negatividad y discordia, y te
alinearás con la frecuencia más alta —el amor.

ENSEÑANZAS DIARIAS

Día 340

La única manera de sentir amor es a través de nuestro corazón y, por lo tanto, la forma más poderosa de maximizar nuestros sentimientos positivos es también a través de nuestro corazón. Al intensificar deliberadamente nuestros sentimientos a través del corazón, estamos entrando en conexión con el Supremo Amor, Poder y Conocimiento que es el Universo. El Universo está continuamente poniendo todo lo que queremos a nuestra disposición, y nuestro corazón nos sintoniza con la frecuencia de todas estas cosas.

ENSEÑANZAS DIARIAS

Día 341

Para lograr ser más *consciente* de tus pensamientos establece la siguiente proposición: "Yo soy el amo de mis pensamientos". Dila a menudo, agradece que se haya cumplido y, al aferrarte a ella enfáticamente, gracias a la ley de la atracción, te convertirás en lo que te propones.

ENSEÑANZAS DIARIAS

Día 342

¿Cómo puedes hacerte más consciente? Una forma es *detenerte* y preguntarte, "¿Qué estoy pensando ahora?¿Qué estoy sintiendo ahora?". En el momento en que te lo preguntas eres consciente, porque has traído tu mente al momento presente.

ENSEÑANZAS DIARIAS

Día 343

¿Cómo reconoces que has logrado dominar la visualización? Cuando sientes un sacudón al abrir tus ojos al mundo físico. Ese sacudón es el signo de que la visualización se ha hecho real. Cuando visualizas o imaginas algo, estás ingresando en el campo real donde todo es creado; lo físico es solamente el resultado del campo real de toda creación. Nuestra imaginación es nuestra herramienta de creación más poderosa.

ENSEÑANZAS DIARIAS

Día 344

Puedes convertir la espera en un momento poderoso para crear tu vida futura. La próxima vez que te encuentres en una situación de espera, aprovecha el tiempo e imagina tener todas la cosas que quieres. Puedes hacerlo en cualquier lugar, en cualquier momento. ¡Haz que cada situación de tu vida sea positiva!

ENSEÑANZAS DIARIAS

Día 345

Todo en este mundo comenzó con un pensamiento, incluyendo los eventos negativos. Los grandes eventos se hacen aún más grandes porque, una vez que aparecieron, más gente les dedica sus pensamientos. Luego, a causa de esos pensamientos y emociones, esos eventos se mantienen en nuestras vidas y cobran una importancia aún mayor. Si apartáramos nuestra mente de cualquier evento negativo y, en cambio, nos concentráramos en el amor, éstos no podrían existir. Se evaporarían y desaparecerían.

ENSEÑANZAS DIARIAS

Día 346

Toda persona está usando El Secreto (la ley de la atracción) en cada momento de su vida, sea o no consciente de ello. La ley de la atracción es impersonal y conecta sin equivocarse las frecuencias de energías *similares*. No hay momento en que esta ley no esté operando, al igual que la gravedad. La diferencia es que, una vez que comprendes esta magnífica ley y su funcionamiento, puedes comenzar a utilizarla intencionalmente para crear la vida de tus sueños.

ENSEÑANZAS DIARIAS

Día 347

Puedes crear cualquier cosa que desees, pero para lograrlo debes seguir los principios de la ley. Elimina toda duda y reemplázala con la plena expectativa de que recibirás lo que has pedido. Si no estás recibiendo aquello que has pedido, no es la ley la que ha fallado. Significa que tu duda es más grande que tu fe.

ENSEÑANZAS DIARIAS

Día 348

¿Crees que puedes? Puedes lograr y hacer todo lo que te propongas utilizando este conocimiento. Puedes haber subestimado tu brillante capacidad en el pasado. Bien, ahora conoces el poder de la Mente Suprema y sabes que puedes obtener cualquier cosa que desees de esa Única Mente Suprema. Cualquier invención, cualquier inspiración, cualquier respuesta, cualquier cosa. Puedes hacer cualquier cosa que desees. Eres un genio más allá de toda descripción. Por eso, comienza a decírtelo y toma consciencia de quién eres realmente.

ENSEÑANZAS DIARIAS

Día 349

Una de las cosas que las personas hacen a menudo cuando tienen una enfermedad es hablar de ella constantemente. Eso se debe a que están pensando en ella todo el tiempo y, sencillamente, están verbalizando sus pensamientos. Si te sientes un poquito mal, no hables acerca de eso —salvo que quieras atraer más de lo mismo. Reconoce que tu pensamiento fue el responsable y repite tanto como puedas, "Me siento estupendo. Me siento muy bien", y siéntelo realmente. Si no te sientes muy bien y alguien te pregunta cómo estás, tan solo agradece que esa persona te haya hecho acordar de concebir pensamientos de bienestar. Solamente pronuncia las palabras de aquello que quieres.

ENSEÑANZAS DIARIAS

Día 350

Cada palabra que dices posee un inmenso poder, porque es un pensamiento en acción. ¡Hay un poder invencible en *cada palabra que dices*! Eres un ser humano cargado de posibilidades ilimitadas, y las palabras que dices pueden construir una jaula alrededor tuyo, allí donde sólo ves limitaciones, o liberarte para que vivas tu vida sin límite alguno. Escucha las palabras que dices y encontrarás que revelan cada una de las limitaciones que alguna vez has experimentado. ¡Cambia tus palabras y cambiarás tu vida!

ENSEÑANZAS DIARIAS

Día 351

Visualiza cheques en el correo.

ENSEÑANZAS DIARIAS
Día 352

Resulta imposible atraer más a tu vida si
no sientes agradecimiento por lo que ya
tienes. ¿Por qué? Porque los pensamientos
y sentimientos que emites al ser ingrato son
solamente emociones negativas. Ya se trate
de celos, resentimiento, insatisfacción o de la
sensación de "no tener lo suficiente", estos
sentimientos no te pueden traer lo que deseas.
Sólo pueden traerte más de aquello que no
quieres. Estas emociones negativas están
previniendo que tu propio bien llegue hasta
ti. Si quieres un auto nuevo, pero no estás
agradecido por el que ya tienes, ésta será la
frecuencia dominante que estarás enviando.

ENSEÑANZAS DIARIAS

Tus pensamientos determinan tu frecuencia y tus sentimientos te indican inmediatamente en qué frecuencia te encuentras. Los buenos pensamientos tienen como resultado buenos sentimientos. Los malos pensamientos tienen como resultado malos sentimientos. ¿Qué has estado pensando? Bueno, ¿cómo te sientes?

A lo largo de los siglos, valiosos seres humanos han luchado en vano buscando por el mundo algo de esperanza, de alegría, de sentido para sus vidas. Y durante todo ese tiempo aquello que buscaban se encontraba dentro de ellos mismos. El Poder Universal, que contiene infinito conocimiento, infinita sabiduría e infinito amor, se encuentra dentro tuyo, esperando que te hagas consciente de su presencia y lo liberes. Tú eres el Amo y Creador de tu Vida, y tienes acceso a este ilimitado Poder Universal por *saber* de su existencia. Siente la presencia del Poder dentro tuyo y habrás ingresado en él.

ENSEÑANZAS DIARIAS

Día 355

Después de pedir lo que deseas, si piensas
que eres Tú quien debe conseguirlo,
experimentarás sentimientos de duda. Esos
sentimientos de duda están diciéndote que
el "cómo" no es tarea tuya. Tu tarea es sentir
tu sueño dentro de ti. Luego el Universo
pondrá personas, circunstancias y eventos
en movimiento para llevar a cabo tu sueño.
La inteligencia del Universo permea cada
célula de tu cuerpo. La activación de este
bondadoso poder omnipotente viene a
través de tu reconocimiento de su existencia.
En el momento en que reconoces que se
encuentra en tu interior, has logrado activar
conscientemente el poder más grande del
Universo para que trabaje a través de ti.

ENSEÑANZAS DIARIAS

Día 356

Hay muchas maravillas y esplendores ilimitados esperándote, si tan sólo te relajas y los dejas entrar en tu vida. El Universo no puede expresarse a través de ti si estás ocupado con tus pequeños planes. El Universo quiere expresar GRANDES planes a través de Ti. Para entrar en sintonía con el Bien Universal, aquieta tus sentidos, dirige tu mente hacia el Tú interior, y siente la presencia de este poder omnipotente que permea cada célula de tu cuerpo. Sentirás paz, serenidad y una alegría que empezará a correr a través de ti. Quédate quieto y, al sentir este poder en tu interior, comprende que éste es el poder del Universo entero, y que en este preciso instante estás conectado a su totalidad.

ENSEÑANZAS DIARIAS

Día 357

Créate el hábito de bendecirlo todo. Bendice y valora tu hogar, a cada miembro de tu familia, tus compañeros de trabajo, tus amigos, los alimentos, la naturaleza, los animales y todo lo que te rodea. Bendice todo en tu vida y, al hacerlo, habrás puesto en marcha la ley de la atracción para que, a través de su acción poderosa, atraiga hacia ti todo el bien. La ley responderá trayendo infinitas bendiciones a tu vida a través de gente, circunstancias y eventos que te asombrarán. ¡Que seas bendecido!

ENSEÑANZAS DIARIAS

Día 358

The Secret®

La tierra gira en su órbita por Ti. Los océanos fluctúan y fluyen por Ti. Los pájaros cantan por Ti. El sol nace y se oculta por Ti. Las estrellas salen por Ti. Cada cosa hermosa que ves, cada maravilla que experimentas, todo está allí por Ti. Mira a tu alrededor. Nada de esto podría existir sin Ti. No importa quién creías que eras, ahora conoces la Verdad de Quién Eres Realmente. Eres el amo del Universo. Eres el heredero del reino. Eres la perfección de la Vida. Y ahora conoces El Secreto. Que la dicha te acompañe.

ENSEÑANZAS DIARIAS

Día 359

El Universo ofrece *todas* las cosas a *toda* la gente a través de la ley de la atracción. Tienes la habilidad de escoger las experiencias de vida que deseas. ¿Quieres que haya suficiente para ti y para el resto? Entonces escoge eso y comprende lo siguiente: "Todas las cosas existen en abundancia". "El abastecimiento es ilimitado". "La magnificencia nos inunda". Cada uno de nosotros tiene la habilidad de conectarse con ese ilimitado abastecimiento invisible y de atraerlo a su experiencia, a través de pensamientos y sentimientos. Por eso, elige lo que quieres para Ti, porque eres el único que puede hacerlo.

ENSEÑANZAS DIARIAS

Día 360

the Secret®

Religiones como el Hinduismo, las tradiciones Herméticas, el Budismo, el Judaísmo, el Cristianismo y el Islam, y civilizaciones como las de los antiguos babilonios y egipcios, transmitieron El Secreto, la ley de la atracción, a través de sus escritos e historias. Documentada en todas sus formas, la ley puede encontrarse en antiguas escrituras a través de los siglos. Fue grabada en piedra en el 3000 A.C. A pesar de que muchos codiciaban este conocimiento (¡y bien que lo hacían!), siempre ha estado al alcance de todos. La ley se originó en el principio del tiempo. Siempre ha existido y siempre existirá.

"Como es arriba, es abajo. Como es por dentro, es por fuera".

TABLA DE LA ESMERALDA, C. 3000 A.C.

ENSEÑANZAS DIARIAS

Día 361

Al final de cada día, antes de dormirte, repasa los eventos del día. Cualquier evento o momento que no haya sido como querías, revívelo en tu mente en la forma que hubieses querido que ocurriera.

ENSEÑANZAS DIARIAS

Día 362

Joe Sugarman, un hombre espléndido y empresario exitoso, vio la película *El Secreto* y se puso en contacto conmigo. Me dijo que el proceso de gratitud era su parte favorita y que el uso de la gratitud había contribuido a todos sus logros personales. A pesar de haber atraído tanto éxito, Joe continúa ejercitando la gratitud todos los días, incluso frente a las cosas más pequeñas. Cuando consigue un espacio para estacionar su auto, siempre siente y declara su agradecimiento. Joe conoce el poder de la gratitud y sabe cuánto lo ha beneficiado; por eso la gratitud es su forma de vida.

ENSEÑANZAS DIARIAS

Día 363

Tus pensamientos presentes están creando tu vida futura. Aquello en lo que más pienses o te concentres aparecerá en tu vida.

Esta afirmación te servirá para el resto de tu vida: "En la nueva imagen de los años que vendrán, veo mi vida creciendo y expandiéndose en todo: en salud, juventud y energía ilimitada, en todo momento y bajo cualquier circunstancia. Me veo en total libertad. Veo un crecimiento ilimitado de mi capacidad personal, poder mental y brillo intelectual. Veo un mejoramiento constante de todos los elementos de mi personalidad y mi cuerpo. Veo un crecimiento diario de mi sabiduría, entendimiento, percepción y comprensión. Me veo en paz, armonía, amor y alegría, y veo que mi carácter se expande hasta hacerse más fuerte y hermoso. Veo mejoría interminable en amigos, asociaciones y ámbitos diversos. Me veo en perpetua alegría e infinita felicidad".

ENSEÑANZAS DIARIAS

Día 365

Traducción al español: Martín Monreal

Nota: El texto utilizado en esta publicación es una traducción del calendario *The Secret Calendar 2008*.

Para encontrar más información sobre El Secreto visite: www.thesecret.tv

ISBN 978-1-4391-3232-6

ATRIA
ESPAÑOL

Un sello de Simon & Schuster, Inc.
1230 Avenida de las Américas
Nueva York, NY 10020